GUITARRABASE**NO**ROCK

Método Completo Para Guitarra Base no Rock

JOSEPH**ALEXANDER**

FUNDAMENTAL**CHANGES**

Guitarra Base no Rock

Método Completo Para Guitarra Base no Rock

Publicado por **www.fundamental-changes.com**

ISBN: 978-1911267201

www.fundamental-changes.com

Meu muito obrigado ao Rob Thorpe, que gravou todos os arquivos de áudio deste livro.

Nota do Autor:

Os exemplos musicais deste livro são escritos "no estilo" dos artistas ou bandas indicados no texto. Os exemplos foram feitos para serem semelhantes, fornecendo um insight sobre os subgêneros do rock, para fins educacionais. Esses exemplos não são transcrições de músicas e nem devem ser considerados versões precisas de quaisquer canções.

*Se você achar que a sua propriedade intelectual ou seus direitos autorais foram violados de alguma forma, por favor, entre em contato através de **www.fundamental-changes.com***

Foto de Capa © ShutterStock / mrkornflakes

Conteúdo

Introdução

O rock abrange uma grande variedade de gêneros, sons e estilos. Das origens do rock 'n roll, no final dos anos 50, ao heavy metal dos anos 80, até o indie rock moderno e o rock alternativo de hoje em dia, a guitarra sempre foi o carro-chefe, definindo os estilos.

Dominar as habilidades técnicas e rítmicas necessárias para tocar rock na guitarra também responderá a questionamentos sobre como tocar partes sólidas de guitarra rítmica em qualquer outro estilo musical.

Este livro é dividido em duas partes, e você deve trabalhá-las simultaneamente. A Parte Um abordará tudo o que você precisa saber para entender a guitarra rítmica e construir grooves de rock precisos e firmes desde o princípio. Nessa seção, você aprenderá como o ritmo funciona na música, e a partir dessa base você rapidamente aprenderá a tocar linhas de guitarra base excitantes e detalhadas. Na Parte Um você construirá a sua compreensão técnica e teórica sobre o funcionamento da guitarra rítmica, ao mesmo tempo em que estará dominando a sua execução.

Ao construir tudo do princípio você nunca ficará confuso sobre como a guitarra rítmica deve ser tocada. Ao desenvolver confiança e consistência nesse ponto, será fácil para você acelerar qualquer riff que estiver tocando até os padrões de velocidade exigidos pelo veloz rock moderno.

O objetivo da Parte Um é solidificar uma abordagem consistente e precisa à guitarra base no rock. Isso será extremamente benéfico para você, seja lá qual estilo musical você esteja tocando.

Na Parte Um, nós também procuraremos construir um repertório de tipos e variações de acordes que são constantemente utilizados para construir riffs e ideias musicais na guitarra. Nós estudaremos como utilizar acordes abertos, power acordes e acordes de pestana total ou parcial. A partir daí, nós estudaremos como combinar essas ideias de acordes com riffs de notas únicas para construirmos linhas de guitarra base interessantes e intrincadas.

A Parte Dois vê detalhadamente em como a guitarra rítmica no rock se desenvolveu ao longo dos últimos 50 anos. Ela contém vários riffs que foram inspirados pelas grandes bandas de cada década. É aí que a teoria e a prática são colocadas em ação, para criar exemplos musicais que consolidam as habilidades desenvolvidas na Parte Um:

Você conhecerá riffs *no estilo* de cada movimento essencial do rock, do rockabilly à "fritação" dos anos 80. Exemplos do indie moderno também estão incluídos, além, é claro, dos clássicos dos anos 60 e 70.

O rock pode ser um gênero exigente para se tocar na guitarra. Então, para ajudá-lo a desenvolver as suas habilidades mais rapidamente, eu recomendo que este livro seja estudado em conjunto com outro livro meu de bastante sucesso, "Técnica Completa de Guitarra Moderna". Eu recomendo fortemente que você trabalhe este livro junto com o "Técnica Completa", para que você possa desenvolver a sua técnica e extrair o máximo dos riffs e conceitos de rock deste livro.

A ideia por trás do "Guitarra Base no Rock" é simples: combinar técnica rítmica e compreensão dos acordes na Parte Um, antes de transformar essas habilidades em música prática na Parte Dois. Você não precisa estudar este livro na ordem, e eu lhe encorajo fortemente a trabalhar as duas partes ao mesmo tempo.

Cada exercício deste livro é acompanhado de um exemplo de áudio, que você pode baixar gratuitamente em **www.fundamental-changes.com**. Eu recomendo que você vá até lá agora e pegue os áudios de uma vez, já que eles irão ajudá-lo a entender cada exemplo muito mais rapidamente. Basta clicar na aba "Download Audio" e selecionar o livro no menu suspenso.

Baixe o áudio para o seu computador (e não diretamente para o iPad, Kindle ou telefone). Extraia os áudios do arquivo .zip e importe-os para a sua biblioteca de mídia. É bastante simples, mas em todo caso há um guia de ajuda na página de download.

Aprender música se resume a *ouvir* como a música deve soar. Às vezes é impossível demonstrar certas nuances e sensações da música quando ela está escrita em tablatura ou notação, então eu recomendo que você ouça o áudio para aproveitar ao máximo os 152 exemplos deste livro.

Nos downloads de áudio também há playbacks de apoio que lhe permitem tocar junto com os exemplos, o que também ajuda a desenvolver um feeling melhor.

O conceito por trás deste livro é ajudá-lo a dominar e internalizar as habilidades essenciais para tocar rock na guitarra, ao mesmo tempo em que você verá como esses alicerces têm sido utilizados alguns dos riffs e músicas mais importantes dos últimos cem anos. Assim que forem dominadas, essas pequenas partes irão ajudá-lo a aprender, assimilar e *criar* rock na sua guitarra muito mais rapidamente, a partir do que você ouvir na sua cabeça.

Divirta-se!

Joseph

Obtenha os Áudios

Os arquivos de áudio deste livro estão disponíveis para download gratuito em **www.fundamental-changes. com.** O link está no canto superior direito do site. Basta selecionar o título do livro no menu suspenso e seguir as instruções para obter os áudios.

Nós recomendamos que você baixe e extraia os arquivos diretamente para o seu computador (e não para o tablet) antes de adicioná-los à sua biblioteca de mídia. Assim você pode colocá-los no seu tablet, iPod, ou gravá-los em CD. Há um arquivo PDF de ajuda disponível na página de download, e nós oferecemos suporte técnico através do formulário de contato.

Kindle / eReaders

Para aproveitar ao máximo este livro, lembre-se de que você pode aumentar as imagens dando um clique duplo nelas. Desabilite a visualização por colunas e segura o seu Kindle no modo paisagem.

Parte Um: Os Alicerces da Guitarra no Rock

Capítulo Um: Entendendo o Ritmo

A maioria das linhas de guitarra rítmica no rock é formada por divisões rítmicas de semínimas (1/4), colcheias (1/8) e semicolcheias (1/16). É essencial desenvolver compreensão e controle sobre como esses padrões funcionam para produzir linhas de guitarra autênticas e bem acertadas.

Os exercícios neste capítulo começam de uma forma bastante direta, mas você rapidamente aprenderá como eles podem se tornar extremamente sutis, musicais e complexos.

Nós começaremos examinando como construir linhas de guitarra rítmica a partir do zero, trabalhando em busca da habilidade necessária para tocar combinações precisas e musicais de qualquer ritmo na sua guitarra. Conforme nós começamos a inserir acordes a essas ideias rítmicas, a música ganha vida com as possibilidades.

Semicolcheias (1/16) dividem um compasso musical em dezesseis partes iguais. Em um compasso com quatro batidas, cada batida tem quatro divisões. As semicolcheias (1/16) são, entre as divisões rítmicas mais comuns, a menor divisão de tempo na guitarra rítmica no rock. Elas serão o nosso objetivo rítmico. Quando nós conseguirmos entender, sentir e *tocar* qualquer ritmo em semicolcheias, nós saberemos que desenvolvemos uma sólida fundação rítmica para qualquer coisa.

Antes de tocar semicolcheias, nós desenvolveremos nossa precisão em subdivisões rítmicas menores (semínimas e colcheias), para que possamos dominar o posicionamento de cada nível rítmico.

No rock, a maioria dos ritmos que você tocará será baseada em combinações de semínimas e colcheias. Partes rítmicas em semicolcheias tendem a aparecer mais em ritmos mais *pesados* (como Van Halen ou Metallica). Em termos de desenvolvimento enquanto guitarrista, trabalhar em busca de conseguir tocar ritmos em semicolcheias será uma camada extra de proficiência técnica que você deve obter.

Você tenderá a tocar mais semicolcheias se estiver tocando um rock mais pesado, mas mesmo se não estiver, semicolcheias são um componente essencial do arsenal de qualquer grande guitarrista de rock.

Nós começaremos dividindo um único compasso musical em quatro tempos iguais (semínimas, ou 1/4). A execução precisa desse ritmo pode parecer simples, mas é fundamental para qualquer coisa que você tocará na guitarra.

No exemplo a seguir, preste atenção às direções de palhetada escritas sob cada nota. Construir consistência com a mão da palhetada é extremamente importante, pois nos permite manter com precisão o tempo, exatamente onde estejamos no compasso.

Vale a pena ressaltar que qualquer ideia rítmica de acordes também pode ser usada como um ritmo em um solo.

Ouça o exemplo 1a antes de tocar junto com a gravação.

Exemplo 1a:

Abafe as cordas da guitarra com a mão do braço da guitarra para criar um som abafado. Isso pode ser feito repousando levemente os dedos da mão da guitarra sobre todas as seis cordas, para abafar o som.

Evite pressionar as cordas com muita força, ou você permitirá que algumas notas soem. Além disso, tome cuidado para não criar harmônicos, que podem aparecer se você pressionar as casas 5 e 7 leve demais. O seu objetivo é criar um som abafado, mudo, morto, para que você possa ouvir onde cada palhetada está caindo.

Toque o exemplo 1a com o metrônomo em 60 bpm. Os pequenos círculos acima de cada palhetada representam o clique do metrônomo. Certifique-se de que cada palhetada para baixo está perfeitamente sincronizada com o clique do metrônomo. Isso pode ser bastante difícil no começo! Concentrar os seus ouvidos no metrônomo ao invés da sua palhetada pode ajudar bastante.

A seguir, divida cada palhetada para baixo (semínima, ou '1/4') em duas, criando, assim, colcheias (1/8). Para fazer isso, insira uma palhetada para cima entre cada palhetada para baixo. Mais uma vez, os pequenos círculos representam o clique do metrônomo, e cada palhetada para baixo deve estar perfeitamente sintonizada com o clique. A palhetada para cima deve ser colocada exatamente no meio do caminho entre cada palhetada para baixo.

Exemplo 1b:

Tente o exercício 1b em diferentes velocidades. Comece a 60 bpm e aumente gradativamente até chegar a 120 bpm. Vá aumentando a velocidade do metrônomo em 8 bpm quando começar a ficar confortável. A chave é escutar bem o posicionamento da sua palhetada para baixo. Ela sempre deve estar perfeitamente sincronizada com o clique do metrônomo.

Agora tente reduzir a velocidade do metrônomo para 40 bpm, ou ainda mais lento. Tocar com precisão em um tempo devagar pode ser mais desafiador do que fazê-lo em tempos mais rápidos, porque nós precisamos dividir mentalmente uma porção extensa de tempo.

Por fim, prossiga tocando o compasso em divisões de semicolcheias (1/16), "dobrando" o número de palhetadas do exercício anterior. Agora você está tocando *quatro palhetadas a cada clique do metrônomo.*

Comece com o metrônomo a 60 bpm, mas dessa vez se concentre em colocar a *primeira* de cada quatro palhetadas dentro do clique. Você toca uma sequência de *baixo-cima-baixo-cima* a cada clique do metrônomo.

Tente acentuar a primeira de cada quatro palhetadas, tocando-a com mais força. Isso vai ajudá-lo a permanecer no tempo.

Ouça atentamente ao exemplo de áudio para sentir a ideia e trabalhar a sua precisão.

Exemplo 1c:

Conforme a sua precisão começar a melhorar, aumente a velocidade do metrônomo em incrementos de 8 bpm, trabalhando gradativamente até chegar a 120 bpm - mas você nunca deve sacrificar a sua precisão em prol da velocidade! Se o tempo estiver muito desafiador, diminua um pouco a velocidade e trabalhe em pequenos "estouros" para desenvolver uma resistência.

Você também pode construir a sua precisão reduzindo a velocidade do metrônomo para 50 ou até 40 bpm. Tocar mais devagar exige controle e concentração maiores, então é uma boa forma de desenvolver proficiência.

Repita os três exercícios anteriores, mas, dessa vez, ao invés de palhetar todas as cordas, toque cada ritmo com um único "power acorde". (Veja o capítulo seis para muito mais informações sobre power acordes).

Power acordes serão discutidos detalhadamente mais à frente. Por enquanto, certifique-se de que você consegue tocar apenas as cordas indicadas no diagrama do acorde e na notação. Se gostar, você também pode abafar as cordas da guitarra levemente, deixando que a sua mão da palhetada toque levemente as cordas, na área próxima à ponte da guitarra.

Observe que tocar notas pressionadas têm uma sensação diferente de tocar notas abafadas, então elas devem ser praticadas separadamente. Você também pode experimentar variar a pressão dos seus dedos que estão pressionando as notas, para criar notas mais ou menos abafadas.

Ao tocar os exemplos a seguir, coloque um pouco de ganho no seu amplificador, para que você se acostume com o som da distorção. Mantenha a distorção sutil, e experimente ir abafando as notas com a mão da palheta para manter o som articulado e definido.

Exemplo 1d:

Ao tocar bases de rock, há dois jeitos de abordar a execução consistente de colcheias (1/8). A primeira, como você pode adivinhar, é usar a abordagem tecnicamente mais "óbvia" e tocar as colcheias com palhetadas alternadas, para cima e para baixo, como nós fizemos no exemplo 1b. Isso é mostrado abaixo:

Exemplo 1e:

Porém... um conceito extremamente importante a ser entendido é que alguns guitarristas tendem a sentir as colcheias como as divisões rítmicas mais fortes em uma música.

A bateria e outros instrumentos acentuarão a semínima principal em um 1-2-3-4, mas guitarristas de rock tendem a se "prender" ao pulso da colcheia, usando-a como a divisão básica. Ouça algo das antigas do Black Sabbath para sentir essa ideia. O riff principal de "Paranoid" é um ótimo exemplo.

Por essa razão, muitos guitarristas tendem a tocar todas as colcheias com um palhetada para baixo, e isso contribui bastante para os ritmos acelerados do rock.

Exemplo 1f:

Compare a sensação de tocar os dois exemplos anteriores ao tocar junto com o playback 1. Observe como cada exemplo cria uma sensação diferente.

O jeito como você palheta o padrão rítmico geralmente vai depender do tempo e do estilo da música, mas a maioria dos guitarristas de rock toca um ritmo contínuo de colcheias, sempre com palhetadas para baixo, como no exemplo 1f.

Quando passamos a tocar semicolcheias, a maioria dos guitarristas toca essas notas com palhetadas alternadas, para cima e para baixo (embora alguns guitarristas de "trash" e "death" metal toquem essas notas palhetando só para baixo). Por ora, eu sugiro que você permaneça palhetando alternadamente as semicolcheias.

Ao tocar semicolcheias, é fácil fazer com que as notas se misturem em uma bagunça indefinida (especialmente quando a distorção está ligada). Use algum palm mute para ajudar a articular cada palhetada.

Pratique o exemplo abaixo para desenvolver uma execução precisa do ritmo em semicolcheias.

Exemplo 1g:

Para continuar a desenvolver precisão e praticar entre diferentes níveis rítmicos, tente o exercício a seguir, que passa por semínimas (1/4), colcheias (1/8) e semicolcheias (1/16).

Exemplo 1h:

Para ajudá-lo a controlar sua palheta e melhorar sua precisão, tente descansar a mão da palheta nas cordas mais graves (abafadas) da guitarra. Mantenha a mão da palheta o mais suave e relaxada quanto possível, mas certifique-se de que ela esteja encostando nas cordas 5 e 6.

O segredo para tocar esses exercícios com precisão é se concentrar mais no clique do metrônomo do que no som da guitarra. Se você desviar sua atenção para o metrônomo, você vai se pegar tocando mais fechado no tempo. Isso também ocorre ao tocar com uma banda: ao se concentrar no ritmo e na música dos outros membros, é provável que você toque mais fechado no groove.

Ademais, isso pode até não parecer bacana, mas bater o pé junto com o tempo vai ajudá-lo a internalizar as divisões rítmicas, desenvolvendo melhor o seu senso de tempo.

A seguir, aumente a frequência com a qual você muda as divisões rítmicas.

Exemplo 1i:

Tente combinar subdivisões rítmicas diferentes e inserir power acordes para tornar a frase musical:

Exemplo 1j:

Exemplo 1k:

Pratique os dois exercícios anteriores a 60 bpm e aumenta gradualmente a velocidade do metrônomo até 120 bpm.

O melhor conselho que eu posso te dar enquanto você aprende esses tipos de ritmos é se certificar de que o seu pé esteja acompanhando a batida. Bater o seu pé lhe ajudará a sentir a batida fisicamente, ao invés de apenas responder às ondas sonoras viajando pelo ar.

Ao internalizar a batida fisicamente, você pode *pensar* menos e *sentir* se está no tempo.

Se for muito trabalho mental tocar esses ritmos, bater o pé e ficar junto com o metrônomo, desligue o metrônomo um pouco. Sem o metrônomo, certifique-se de que as palhetadas na guitarra estão em sincronia com o seu pé. Quando estiver confiante, insira o metrônomo a 40 bpm e sincronize o seu pé palhetada com o clique.

Quando eu estava aprendendo isso pela primeira vez, levou algum tempo até eu perceber que o meu pé estava fora do tempo em relação ao clique, e que isso afetava negativamente tudo que eu tocava na guitarra. Depois que eu me concentrei para valer no meu pé, o meu senso de ritmo melhorou drasticamente. É um uso bastante valioso do seu tempo de prática e traz muitos benefícios a praticamente tudo que você tocar.

Para poder praticar esses ritmos fundamentais de funk, escreva alguns próprios usando as subdivisões que você aprendeu neste capítulo. Tente inserir diferentes power acordes para criar os seus próprios riffs.

Ao combinar esses ritmos essenciais, você começará a ouvir como uma linha de guitarra funk é construída, embora ainda haja muito a ser feito para desenvolver o seu senso rítmico do que apenas os ritmos básicos.

Capítulo Dois: Pausas, Ligaduras e Combinações

Muitas vezes, a guitarra base no rock é feita em ritmos *sincopados*. Um ritmo sincopado é aquele onde a acentuação ocorre entre os pulsos principais do compasso.

No Capítulo 1, você desenvolveu uma abordagem consistente em relação à palhetada, e eu ressaltei que desenvolver consistência no padrão baixo-cima-baixo-cima permite que você sinta e posicione, com precisão, os ritmos dentro do compasso.

Essa consistência será muito importante agora, quando iremos ver alguns ritmos mais intrincados. Sem uma palhetada *baixo-cima-baixo-cima* estável, é fácil perder o ritmo e sair do tempo da banda. Pense na sua mão da palhetada como o seu maestro.

Pausa

Ao usar pausas (tempos de silêncio) e ligaduras (combinação dos valores de duas notas), nós podemos criar partes de guitarra complexas e grooveadas com alguma facilidade.

A primeira pausa a ser introduzida é a pausa de colcheia (1/8). Ela é escrita assim:

Ao colocar essa pausa no tempo forte (ou na palhetada para baixo), nós podemos começar a deixar "buracos" na parte rítmica. Esses buracos nos ajudarão a criar sincopações interessantes e variações musicais.

No capítulo anterior você viu que a nota do tempo forte sempre é tocada com uma palhetada para baixo, e o que o segredo para tocar uma guitarra base precisa e "fechadinha" é manter a sua mão da palheta se movendo para cima e para baixo, sincronizada com a música. Mesmo que você não esteja fazendo contato com as cordas, manter a sua mão da palheta nesse ritmo é essencial para construir um bom tempo.

Estude as direções de palhetada dos exemplos a seguir para ver como o padrão de colcheias (1/8) sincopadas é abordado.

Exemplo 2a:

Como você pode ver, as pausas de colcheias são colocadas em alguns dos tempos fortes As direções de palhetada sob o exemplo tem a palhetada para baixo entre colchetes. Se a palhetada estiver marcada entre colchetes, não faça contato com as cordas.

A ideia é manter a mão da palhetada se movendo e simplesmente *evitar* as cordas quando houver uma pausa. Ouça atentamente ao exemplo de áudio para ouvir isso em ação.

A seguir, nós iremos inserir power acordes ao ritmo anterior para mostrar como uma ideia como essa pode ser tocada em um contexto de rock.

Comece com o metrônomo em cerca de 50 bpm.

Para esse exemplo, eu inverti a ordem e coloquei uma palhetada "baixo cima" nas duas primeiras colcheias do compasso. Embora possa parecer que eu estou contradizendo o conselho do capítulo anterior sobre palhetar as colcheias para baixo, quando o ritmo é sincopado dessa forma um movimento constante para cima e para baixo realmente ajuda a ficar no tempo. Aprenda o ritmo com esse padrão de palhetada, e decida como você prefere palhetar quando tiver dominado esse exercício.

Exemplo 2b:

Aqui vão outros riffs que combinam semínimas, colcheias e pausas em colcheias.

Experimente tocar cadaa ritmo usando palhetadas "abafadas" antes de inserir os acordes da notação. Use palm mute na mão do braço da guitarra para ajudar a articular os acordes e pausas.

Esses exemplos são similares a vários riffs de rock dos anos 80 e 90. A simples introdução de uma pausa de colcheia em uma sequência de power acordes já causa uma grande diferença na sensação do riff.

Exemplo 2c:

Exemplo 2d:

Exemplo 2e:

Experimente acelerar ou diminuir a velocidade dos exemplos anteriores. Use um metrônomo ou a faixa de apoio 1.

Ligaduras

Na música, a ligadura é um símbolo que significa "toque a primeira nota e segure-a pela duração da segunda nota".

É escrita desta forma:

No exemplo a seguir, toque a primeira nota de cada par de ligaduras, mas não toque a segunda. Preste atenção ao padrão da palhetada - especialmente nas palhetadas mostradas entre colchetes.

Exemplo 2f:

Ouça e toque junto do exemplo de áudio para ter certeza de que está fazendo corretamente.

Há uma grande diferença entre usar pausas e ligaduras - depende se estamos tocando ritmos com acordes soantes ou notas abafadas.

O exemplo a seguir mostra o exemplo anterior escrito com pausas ao invés de ligaduras.

Exemplo 2g:

Como você pôde ouvir pelo exemplo de áudio, esses dois ritmos possuem uma sonoridade bastante diferente, muito embora as palhetadas estejam no mesmo lugar.

A sutil diferença entre tocar uma pausa ou uma ligadura pode ter grandes efeitos sobre o groove da música que estivermos tocando.

As ligaduras nos permitem *adiantar* um acorde dentro de um riff. Por exemplo: elas podem ser usadas para trazer uma mudança de acordes para *antes* da linha do compasso.

Examine os dois exemplos a seguir e ouça cuidadosamente aos áudios.

Exemplo 2h:

Exemplo 2i:

Ambos os exemplos utilizam a mesma progressão de acordes e são tocados no mesmo tempo com padrões de palhetada bastante semelhantes. Porém, o segundo exemplo tem muito mais energia e impulso.

Essa energia extra é criada tocando cada novo acorde uma semicolcheia mais cedo. Cada mudança de acordes é tocada na última colcheia do compasso, com uma ligadura até o primeiro tempo do compasso seguinte. Além de agregar energia e impulso ao riff, isso também cria um "buraco" rítmico interessante no primeiro tempo dos compassos 2, 3 e 4 - onde você, normalmente, espera que haja um acorde.

Usar as ligaduras dessa forma deixa os riffs de rock mais enérgicos e interessantes. Evidentemente, o baixista e o baterista precisam saber que isso vai acontecer, para que possam entrar junto com você.

Muitos músicos de rock descreveriam essa técnica como se fosse um *empurrão* ("*pushing*") em cada acorde, já que cada acorde é "empurrado" para outro tempo. (Músicos clássicos chamam essa técnica de "antecipação"). Cada banda tende a "empurrar" acordes em maior ou menor quantidade. Por exemplo: você ouvirá muitos desses no AC/DC, e menos no Black Sabbath.

Os três exemplos musicais a seguir combinam as técnicas mostradas neste capítulo.

Exemplo 2j:

Observe o acorde deslizante do exemplo 2j, levando ao acorde D5 com ligadura, atravessando a linha do compasso.

Exemplo 2k:

Exemplo 2l:

Não se esqueça: você pode baixar todos esses exemplos em arquivos de áudio em:

www.fundamental-changes.com

Capítulo Três: Criando Combinações Rítmicas em Semicolcheias

Agora que você entende como funcionam as pausas e ligaduras com ritmos de colcheias (1/8), você pode começar a usá-las com as divisões de semicolcheias (1/16) mais comuns em linhas de guitarra de rock.

Vamos explorar o que acontece quando você começa a usar pausas para juntar semicolcheias.

Lembre-se: ao ver uma ligadura, você toca a primeira nota e continua a pressioná-la pela duração da segunda nota.

No exemplo a seguir, eu toco semicolcheias contínuas durante um compasso e então junto as duas primeiras semicolcheias de cada compasso com ligaduras. A minha mão direita não para de se mover, para cima e para baixo, durante a ligadura.

Os exemplos a seguir estão escritos com apenas uma nota para que os diagramas fiquem mais claros. Entretanto, você deve começar com todas as cordas abafadas, já que usar um movimento mais amplo irá ajudá-lo a ser mais preciso.

Exemplo 3a:

Ouça o exemplo de áudio e toque o exercício em loop até adquirir confiança.

Matematicamente, juntar duas semicolcheias (1/16) é o mesmo que tocar uma colcheia (1/8).

Isso significa que o exercício anterior pode ser reescrito desta forma:

Embora os dois exercícios anteriores soem identicamente, você provavelmente achará o segundo mais fácil de ser lido.

Observe que o padrão de palhetada é o mesmo.

Ao combinar semicolcheias diferentes nós podemos criar alguns dos ritmos mais comuns.

No exemplo a seguir, as duas semicolcheias do meio são unidas por ligadura no segundo compasso. Lembre-se de tocar esses exemplos apenas com as cordas completamente abafadas. Não toque apenas as cordas isoladas, como está escrito.

Exemplo 3b:

Novamente, a mão da palheta continua se movendo para *baixo-cima-baixo-cima*, mas dessa vez você não toca o segundo *baixo* de cada grupo. "Baixo-cima cima-Baixo-cima cima".

Aqui vai o mesmo diagrama com as palhetadas entre colchetes. Você pode achar essa leitura mais fácil.

Aplicando a mesma lógica do exemplo 3a, o exercício anterior pode ser reescrito desta forma:

Toque junto com a faixa de áudio e se certifique de bater o pé junto com a batida. Pode ser bem fácil ficar do lado errado nesses ritmos.

Finalmente (por ora), eu vou juntar as duas últimas semicolcheias de cada batida com ligaduras.

Exemplo 3c:

Isso pode ser escrito assim:

Ao unir diferentes pares de semicolcheias, nós criamos quatro grupamentos rítmicos distintos.

Ao combinar esses quatro grupamentos rítmicos de semicolcheias, é possível criar algumas linhas de guitarra rítmica funk extremamente complexas.

Essas combinações são praticamente infinitas, especialmente se você considerar que, em breve, nós reintroduziremos as pausas.

Antes de prosseguir, certifique-se de que você consegue tocar, reconhecer e ler os quatro alicerces da guitarra de rock, como mostrado no exemplo 3d:

Exemplo 3d:

Toque o exemplo 3d com as cordas totalmente abafadas antes de tocar o exemplo em apenas uma corda.

Agora que você dominou os quatro padrões principais de semicolcheias, nós podemos combiná-los em frases de um compasso. Os exemplos a seguir reintroduzem os power acordes para tornar os ritmos musicais e mais interessantes, embora, mais uma vez, pode ser que seja mais fácil começar com as cordas abafadas enquanto você pega o jeito dessas combinações.

Use palm mute para ajudar a ouvir os ritmos com mais clareza.

O exemplo 3e combina apenas dois dos ritmos anteriores.

Exemplo 3e:

O exemplo 3f combina três grupamentos de semicolcheias.

Exemplo 3f:

O exemplo 3g usa os mesmo três grupamentos, mas de um jeito diferente.

Exemplo 3g:

O exemplo 3h usa todos os quatro grupamentos de semicolcheias. Use distorção pesada e palm mute para uma vibe bem heavy metal.

Exemplo 3h:

O exercício 3i mostra outra abordagem.

Exemplo 3i:

Por fim, o exercício 3j reintroduz as pausas de colcheias.

Exemplo 3j:

Importante

No exercício anterior, você pode achar que tocar a colcheia no tempo 3 soa mais natural com uma palhetada para baixo. Tudo bem com isso, contanto que você permaneça no tempo. Isto pode parecer mais confortável:

Meu conselho é fazer o que for mais confortável, contanto que você permaneça dessa forma. Consistência na sua abordagem à palhetada é incrivelmente importante enquanto você constrói o seu vocabulário rítmico.

Com direções diferentes de palhetada, você acabará desaguando em sensações diferentes. Eventualmente você será capaz de variar o ataque da palheta conforme a sua vontade, então não se preocupe muito com isso agora.

Certifique-se de bater o seu pé no tempo e que você enfatize a diferença entre acordes e pausas. Isso pode ser alcançada através de um controle cuidadoso da pressão na mão do braço da guitarra.

Capítulo Quatro: Pausas de Semicolcheias

Até agora, nós estudamos quatro diferentes grupamentos de semicolcheias e como eles podem ser combinados para criar riffs de rock interessantes.

Esses quatro ritmos são:

Entretanto, existem outros grupamentos de semicolcheias que nós podemos criar ao introduzirmos pausas de semicolcheias nesses padrões. Para começar, nós daremos uma olhada em como o clima da música muda se nós trocarmos as colcheias do diagrama anterior por uma semicolcheia seguida de uma pausa de semicolcheia.

Na notação musical, a pausa de semicolcheia é escrita desta forma: ⅞

Comece comparando o som de uma colcheia contra o de uma semicolcheia seguida por uma pausa de semicolcheia. Compare a notação do primeiro compasso com a notação do segundo.

Esse exemplo usa um power acorde E5. Relaxe a pressão dos dedos do braço da guitarra para criar as pausas do segundo compasso.

Exemplo 4a:

Agora ouça e toque a mesma frase com as cordas totalmente abafadas ao invés do power acorde. Lembre-se de abafar e tocar todas as cordas. Ali estão escritas apenas cordas únicas, mas é para ficar mais claro.

Como você pôde ouvir, ambos os compassos soam idênticos quando tocados com as cordas abafadas.

Exemplo 4b:

No exemplo 4a você ouviu que uma semicolcheia seguida de uma pausa de semicolcheia cria um efeito rítmico bastante diferente do que se você usar apenas uma colcheia. O segundo compasso é mais agressivo do que o primeiro, muito embora as acentuações de cada ritmo estejam no mesmo lugar.

Tente tocar as outras combinações rítmicas de semicolcheias dessa forma. Com um acorde E5, toque o primeiro compasso com uma colcheia e o segundo compasso com uma semicolcheia seguida de uma pausa de semicolcheia.

A única diferença entre cada compasso é que, ao invés de deixar as colcheias soarem, você as abafará ao afrouxar levemente a pressão da mão do braço da guitarra.

Você não precisa acertar todas as cordas o tempo todo. Tente fazer com que a guitarra respire.

Exemplo 4c:

Exemplo 4d:

Para destacar a diferença entre usar colcheias completas e semicolcheias seguidas de pausas de semicolcheias, pode ser que você prefira tocar esses diferentes grupamentos em uma rápida sucessão.

Exemplo 4e:

Certifique-se de que você consegue utilizar essa abordagem com todas as combinações de semicolcheias e colcheias.

Agora combine algumas dessas combinações. Preste bastante atenção às durações das notas em cada grupamento. Controle o abafamento com a mão do braço da guitarra para que você possa articular a diferença entre uma colcheia e uma semicolcheia + uma pausa de semicolcheia.

Exemplo 4f:

Exemplo 4g:

Exemplo 4h:

Invente e pratique tantas variações dessa ideia quanto você conseguir pensar. Assim que tiver dominado essas ideias, tente mudar os acordes ao longo de cada exemplo para criar riffs originais com power acordes.

Outros Grupamentos com Pausas de Semicolcheias

Há, ainda, um importante grupamento de semicolcheias que nós ainda não consideramos: deixar uma pausa de semicolcheia no *primeiro* tempo de cada compasso.

Ao colocar uma pausa de semicolcheia na primeira divisão, um "buraco" rítmico é criado diretamente no tempo forte. Esse é um recurso musical extremamente eficiente.

Observe que a primeira palhetada para baixo está entre colchetes em cada batida, o que significa que você não deve tocá-la. Não se esqueça de que a sua mão da palheta nunca deve parar de se mover para cima e para baixo. Para criar a pausa, basta *não tocar* as cordas quando passar por elas na primeira palhetada para baixo.

Mais uma vez, o ritmo é escrito com uma única nota, pela clareza. É mais fácil começar a tocar esses exemplos com todas as cordas abafadas.

Evitar a primeira semicolcheia da batida pode ser um pouco complicado no início. O jeito mais fácil que eu encontrei de ensinar isso é tocar um compasso completo de semicolcheias abafadas antes de mudar para o ritmo alterado. Isso é mostrado no exemplo 4i.

O primeiro compasso colocará a sua mão no movimento correto, então tudo que você precisará fazer no segundo compasso é não tocar a primeira de cada quatro palhetadas para baixo.

Exemplo 4i:

Comece tocando esse exercício a 60 bpm e aumente gradualmente a velocidade do metrônomo até chegar a 120 bpm. Tente sentir o seu pé batendo no "buraco" deixado pelo tempo que você não tocou.

Quando tiver confiante com esse ritmo, incorpore-o gradualmente aos seus exercícios.

Comece tocando cada exercício com as cordas abafadas, então toque em apenas uma corda abafada antes de tentá-los com um acorde E5. Por fim, insira uma sequência simples de acordes para criar um riff original. Mantenha essas sequências simples no início, mas lembre-se de que você pode mudar os acordes quando quiser para criar frases mais interessantes.

Exemplo 4j:

Exemplo 4k:

Exemplo 4l:

Tente criar tantas variações rítmicas quanto conseguir. Comece devagar e sempre se concentre na precisão em detrimento da velocidade. A velocidade vai vir facilmente depois que você estiver no controle desses padrões.

É possível adicionar duas e até três pausas de semicolcheias em um grupamento de quatro notas para criar ritmos ainda mais sincopados.

Vamos começar colocando duas pausas de semicolcheias no final de cada grupamento. No papel, isso pode ser escrito de duas formas diferentes, porque duas pausas de semicolcheias são iguais a uma pausa de colcheia.

Exemplo 4m:

Não se esqueça de manter a sua mão da palheta sempre em movimento. Repita o exemplo anterior, mas insira um simples acorde E5 para criar um riff de hard rock. Tente mover o power acorde para diferentes posições no braço. Você pode subir ou descer duas casas de cada vez.

Use esse novo grupamento rítmico em frases maiores. Aqui vai uma para você começar. Comece com as cordas totalmente abafadas, mas vá inserindo power acordes para criar seus riffs. Lembre-se de que você pode mudar de acorde em qualquer tempo - ou até mesmo entre os tempos!

Exemplo 4n:

O exemplo a seguir combina esse novo ritmo com aquele ensinado no exemplo 4i:

Exemplo 4o:

Repita os exemplos anteriores usando power acordes no lugar das cordas abafadas para criar novos riffs.

Nós entraremos em mais detalhes quanto a acordes na segunda parte deste livro, mas para dar o pontapé inicial na sua criatividade, aqui vai um riff que usa o ritmo anterior.

Exemplo 4p:

Você pode ouvir como é simples adicionar alguns acordes para transformar esses ritmos em um groove digno do Van Halen. Tente adicionar alguns acordes aos exercícios anteriores.

A beleza desse tipo de prática é que ela abre os seus ouvidos para várias possibilidades musicais que você pode não ter considerado ainda. Você está aprendendo ritmo, mas você também está internalizando novas possibilidades... Não tenha medo de simplesmente tocar o que você ouvir.

Esse capítulo possui muitas informações, e você provavelmente precisará de algum tempo até dominá-las. Você encontrará vários outros exercícios rítmicos no Apêndice no final deste livro. Dê uma olhada neles quando tiver tempo, mas não se esqueça de focar nos exemplos musicais.

Escolha um ou dois ritmos a cada dia e pratique-os antes de seguir em frente. Construa frases cada vez maiores gradualmente e se concentre na precisão.

Esses ritmos cobrem cada aspecto da guitarra rock e é essencial tê-los na ponta dos dedos.

Use um metrônomo e as faixas de apoio para se certificar de que esses ritmos estão bem fechados no groove.

Lembre-se: as permutações rítmicas desse capítulo são consideravelmente avançadas. Como eu mencionei na introdução, não é preciso trabalhar esse livro na ordem; você pode aprender os acordes e riffs dos capítulos avançados, ao mesmo tempo em que desenvolve a habilidade de tocar uma base precisa. Divida o seu tempo de prática entre essas duas disciplinas.

Não siga para o capítulo 5 até estar confiante em relação a tudo o que vimos até aqui.

Capítulo Cinco: Grupamentos de Notas Únicas

Para ampliar o seu conhecimento e a sua liberdade rítmica, é importante aprender a tocar grupamentos de semicolcheias que contenham apenas uma nota.

Obviamente, há apenas quatro ritmos possíveis:

Esses ataques aparecem com frequência em músicas de rock progressivo. Mesmo que essa não seja a sua praia, aprender essa abordagem rítmica meio "esparsa" melhorará consideravelmente o seu posicionamento rítmico.

Assim como em qualquer novo conceito musical, é importante estar bastante consciente e *cognitivo* sobre o que você está aprendendo, mas você será capaz, muito em breve, de tocar esses ritmos inconsciente e musicalmente. Normalmente, você não quer ser muito cerebral quando toca. Na verdade, você deveria tentar desligar completamente esse lado do seu cérebro. Porém, quando você está aprendendo alguma coisa nova, é importante estar tão mentalmente envolvido quanto possível, para que você possa entender e sentir o que está tocando.

Para desenvolver o seu controle e posicionamento dessas semicolcheias únicas, eu sugeriria que você tocasse um compasso completo de semicolcheias contínuas, seguido por um compasso do seu grupamento escolhido. Lembre-se que a mão da palhetada nunca para de se mover para cima e para baixo em divisões de semicolcheias, então apenas se concentre em acertar as cordas no tempo certo.

Comece outra vez com palhetadas completas e abafadas, ainda que o ritmo esteja escrito em notas únicas. Passe para notas únicas e acordes quando ganhar confiança.

Este é o primeiro ritmo:

Exemplo 5a:

O exemplo 5a deverá ser bem simples para você já que as semicolcheias abafadas parecem a mesma coisa que tocar uma semínima abafada no segundo compasso. Lembre-se, porém, da diferença entre tocar notas abafadas e notas cheias, soantes. Tente o exercício anterior mais uma vez, mas agora com um power acorde E5.

Certifique-se de que o acorde é abafado no momento certo do segundo compasso. Deve soar desta forma:

Exemplo 5b:

Agora tente combinar esses dois grupamentos em um compasso.

Exemplo 5c:

Agora, incorpore esse ritmo com uma frase completa.

Exemplo 5d:

Tente improvisar algumas frases que usam um fragmento único de semicolcheia. Não se esqueça de tocar acordes cheios também!

Agora prossiga para o próximo ritmo. Esse grupamento em particular é um dos mais manhosos para se dominar, pois é tocado com uma palhetada para cima.

Toque com as cordas totalmente abafadas.

Exemplo 5e:

Combine os ritmos.
Exemplo 5f:

A seguir, toque a frase com um acorde E5 e veja se consegue abafar no momento certo.
Exemplo 5g:

Por fim, combine os novos grupamentos de semicolcheias com aqueles que você já havia dominado, antes de criar e experimentar os seus próprios ritmos de um compasso.

Exemplo 5h:

Estou certo de que você já está pegando a ideia de como esse processo funciona, então para economizar espaço eu vou te dar apenas as primeiras combinações dos ritmos 3 e 4 da página 30.

Exemplo 5i:

Exemplo 5j:

Trabalhe com esses ritmos até você se sentir extremamente confiante.

Conforme você for melhorando, você rapidamente começará a ouvir essas ideias completamente formadas na sua cabeça. É aí que o exercício começa a ficar musical, e o seu cérebro criativo é ativado.

Lembre-se de que é muito importante ouvir e transcrever linhas de guitarra de outras músicas. As habilidades rítmicas e técnicas que você desenvolveu até agora neste livro irão ajudá-lo a ouvir e sentir instantaneamente como funciona o ritmo do funk. Tente ao máximo entrar em sintonia com o guitarrista da gravação e emular as suas sensações o máximo possível.

Rapidamente, você encontrará essas ideias se misturando à sua execução.

Isso já é trabalho rítmico suficiente por ora, mas eu sugiro que você volte para esse capítulo para praticar suas habilidades. Os capítulos a seguir focam em como os acordes são comumente utilizados no rock, e em técnicas que são usadas para injetar energia e interesse à guitarra base.

Parte Dois: Acordes, Riffs e Melodias

Capítulo Seis: Acordes de Rock

Power Acordes

Nos capítulos sobre ritmo, nós usamos power acordes à beça. Power acordes devem ser, provavelmente, os acordes mais comumente utilizados no rock. Eles são usados em milhares de músicas de diversos gêneros.

Esses acordes são populares no rock porque, além de possuírem um som pesado, eles não contém o intervalo de 3ª. Isso significa que eles não são acordes nem maiores, nem menores. Como os power acordes contêm apenas a nota tônica e a 5ª do acorde, eles soam como uma versão reforçada da nota tônica.

Até agora, você viu que power acordes tocados com a nota tônica na 6ª e na 5ª corda.

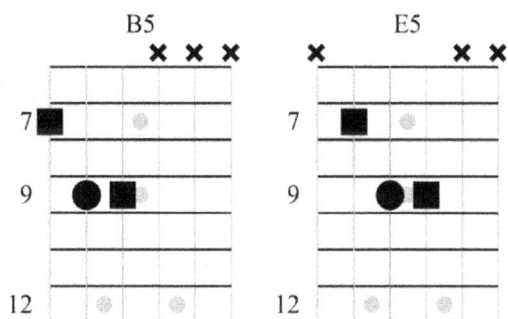

Porém, eles também podem ser tocados nas cordas altas. Aprenda as vozes a seguir:

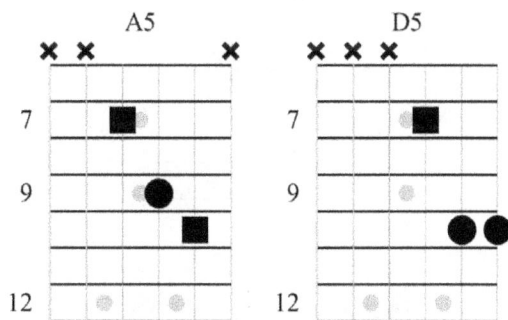

Tome cuidado com as cordas que você vai tocar. Não toque as cordas marcadas com um "X".

Quando estiver tocando músicas de rock mais agitadas, é comum fazer um "mute" com as duas mãos, evitando que cordas indesejadas soem. Por exemplo: se você estiver tocando o acorde E5 como está indicado acima, você pode apoiar gentilmente a sua mão da palhetada no "mizão" (6ª corda), abafando essa corda.

Ao tocar acordes com a nota tônica na 5ª, 4ª ou 3ª corda, também é normal permitir que o primeiro dedo da escala "atravesse" a nota tônica do acorde, fazendo um contato sutil com as cordas não utilizadas. Abafar a corda mais baixa com o dedo da escala causa uma precisão um pouco menor na mão da palheta.

A "mizinha" e a Si (1ª e 2ª cordas, respectivamente), normalmente são abafadas pelos dedos da mão do braço da guitarra, mas tome cuidado para não colocar muita pressão e criar notas indesejadas.

Toque o exercício a seguir, aumentando gradativamente o tempo. Use um pouco de ganho no seu amplificador para ajudá-lo a ouvir se está abafando as notas corretamente.

As cordas não utilizadas devem ser abafadas. Apenas as notas dos acordes devem soar.

Exemplo 6a:

Embora seja menos comum, há outro tipo de power acorde que dobra a 5ª do acorde, tocando essa nota como baixo para produzir uma *inversão* densa do power acorde.

Essa vocalização do acorde é bastante utilizada por um dos maiores guitarristas do último século. Veja o exemplo a seguir:

Exemplo 6b:

Dividindo o Acorde

Uma técnica popular que cria texturas é "dividir" o acorde em duas partes separadas: o baixo e as notas do acorde, ao invés de palhetar todo o acorde de uma vez. Essa técnica é mostrada aqui em power acordes, mas você deve tentar tocá-la com as demais ideias de acordes dos próximos capítulos.

Toque apenas o baixo do acorde nos tempos 1 e 3, e então preencha os tempos 2 e 4 com as demais notas do acorde.

Exemplo 6c:

Observe as notas abafadas do exemplo anterior, que dão um impulso maior ao riff. Para tocar essas notas abafadas, continue a pressionar o acorde, mas reduza a pressão dos dedos, de modo que eles fiquem apenas "repousando" nas cordas. Quando você palhetar as cordas, você ouvirá o efeito abafado, como no exemplo de áudio.

Muitos guitarristas de rock inconscientemente mudam a pressão dos dedos do braço da guitarra, trocando constantemente entre acordes cheios e abafados. Isso cria dinâmicas e texturas excitantes na guitarra base.

A técnica de divisão de acordes pode ser invertida, tocando um acorde cheio nos tempos fortes (1 e 3) e preenchendo os demais tempos com o baixo.

Toque o exemplo a seguir com palhetadas para baixo.

Exemplo 6d:

Outra técnica útil é combinar palhetadas cheias com certas notas sendo palhetadas individualmente.

Exemplo 6e:

Todas essas técnicas podem ser combinadas para criar texturas ricas e musicais. Observe o acorde "empurrado" no último tempo de cada acorde, que antecipa a mudança de acordes.

Exemplo 6f:

Power acordes não precisam ser tocados sempre com três notas, com a nota tônica dobrada. Na verdade, muitas vezes eles são tocados apenas com a tônica e a 5ª. Compare o som dos dois acordes a seguir quando tocados com bastante distorção:

Exemplo 6g:

Tocar com muito ganho ou distorção aumenta e realça os harmônicos ou "alcance" do acorde que está sendo tocado. Assim, pode ser desejável diminuir as notas que estão sendo tocadas, para não subjugar o resto da banda.

A segunda vocalização do power acorde E5 geralmente soa mais "focada" do que a primeira, já que possui menos harmônicos.

Se você voltar no exemplo 6b, você verá que a nota tônica do power acorde não precisa ser tocada no baixo.

Compare as duas vocalizações do acorde C5 a seguir.

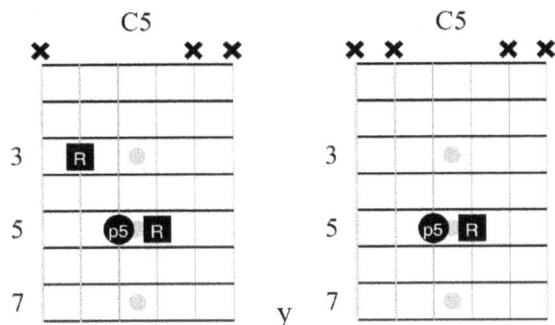

Como você pode perceber, o segundo acorde é uma vocalização de apenas duas notas do acorde C5, com a 5ª fazendo o baixo. Por mais simples que possa parecer, essa é uma das vozes de acorde mais importantes da guitarra rock, por causa deste tipo de riff:

Exemplo 6h:

Como você pode ouvir, esse tipo de voz de power acorde tem uma sonoridade mais firme e articulada.

A voz do power acorde pode ser alterada pelas cordas 5 e 4 para um som mais profundo e ressonante. Essas mini vocalizações eram muito populares com Mark Knopfler. Use o seu primeiro dedo ao longo do exemplo:

Exemplo 6i:

Power acordes de duas notas tocados nas 4ª e 3ª cordas ocorrem com frequência no rock, e é muito divertido experimentar com eles. Coloque alguma distorção e escreva os seus próprios riffs usando apenas essas vozes.

Aqui vão dois para você começar.

Exemplo 6j:

As últimas notas do exemplo anterior formam um *preenchimento* que agrega interesse e ajuda o lick a ficar mais suave. No capítulo 8 nós discutiremos como agregar linhas de guitarra solo à sua guitarra base.

Exemplo 6k:

Por fim, retornando ao desenho "padrão" de power acorde da página 45, há outro movimento bastante comum e popular nos anos 80. Guitarristas como Eddie Van Halen e Nuno Bettencourt usavam bastante essa ideia.

A técnica consiste em esticar o seu primeiro dedo uma casa para baixo a partir da posição inicial, antes de retornar ao acorde original. Aprenda o exemplo a seguir com o power acorde de duas notas, da forma como está escrito; mas tente alterar a digitação para usar os power acordes cheios, de três notas.

Exemplo 6l:

Acordes Abertos

Apesar de acordes abertos estarem normalmente associados ao violão, eles também estão presentes em muitos riffs de rock. Na verdade, o uso de acordes abertos no rock é uma tendência que vem desde os primórdios desse gênero, nos anos 50, até os dias modernos.

Hoje em dia pode parecer estranho pensar que nomes como Bill Haley, Cliff Richard, Buddy Holly e Ike Turner são músicos de rock de ponta, mas na época as suas músicas causaram grande controvérsia e reações exacerbadas, ao mesmo tempo em que forçaram os limites da música popular.

Ao tocar acordes abertos no rock, nós usamos pequenas alterações ou omissões de notas para adicionar interesse, além de fazer ajustes técnicos para manter o som "fechadinho" e agressivo, de modo que ele não seja dominado pela distorção do amplificador.

Apesar de os acordes abertos às vezes serem utilizados em "vamps" rítmicos (como em "Summer of '69", de Bryan Adams), muitas vezes a beleza desses acordes está no fato de que eles podem ser facilmente ajustados ou embelezados para criar riffs e melodias interessantes, ao redor de simples desenhos de acordes. Essa é a abordagem utilizada por muitos grandes guitarristas, como Buddy Holly, Brian May e Angus Young.

Nós começaremos trabalhando com algumas ideias rítmicas simples antes de desenvolvê-las a fundo.

Muitos vamps de acordes são tocados em estruturas semelhantes. Muitas vezes você verá algo de dois ou quatro compassos de duração, com uma pequena frase no final que leva de volta ao começo do riff. No exemplo a seguir, observe como a sequência é "empurrada" a partir do primeiro compasso.

Eu uso a técnica de "divisão de acordes" da página 47, combinando-a com um palm mute para criar um efeito percussivo. Observe como a palhetada é limitada a apenas algumas cordas para manter o riff fechado e controlado.

Exemplo 6m:

A ideia a seguir usa apenas três acordes, mas insere um *rake* para decorar o primeiro acorde. Um *rake* é feito com uma palhetada um pouco mais lenta, onde a palheta é arrastada pelas cordas para articular cada nota. Ouça o exemplo de áudio para ouvir o quão claro isso deve soar.

Pressione o acorde exibido em cada símbolo; cada nota da melodia do iff está dentro do acorde.

Exemplo 6n:

O exemplo a seguir é mais baseado no estilo de Buddy Holly, mas veja a mesma sequência de acordes com uma abordagem mais punk/rock:

Exemplo 6o:

Os dois exemplos anteriores mostram um uso contrastante da mesma progressão de acordes, ensinando-nos uma valiosa lição: No rock, há várias sequências idênticas de acordes, mas é o modo como elas são tocadas que define a sensação da música.

O exemplo a seguir é um dos mais frequentemente escutados quando o assunto é rock na guitarra. Ele é muito comum em músicas do Guns N' Roses e várias outras bandas de hard rock. Para tocar as palhetadas abafadas, relaxe a pressão da sua mão do braço da guitarra e insira um palm mute. Eu sugiro que você use palhetadas para baixo nas colcheias.

Exemplo 6p:

Os primeiros riffs de rock n' roll surgiram do blues, e a influência desse estilo permaneceu forte durante o desenvolvimento do rock. Muitos vamps de blues se tornaram importantes no rock, sendo costumeiramente baseados em um único acorde, com variações e pequenos frases sendo tocadas no baixo. Essas ideias costumam ser tocadas nos "tons abertos" de Lá, Mi e Ré Maior.

A seguinte ideia de riff é baseada no tom de Lá, mas você pode transpô-la facilmente para o tom de Mi. Basta mover o primeiro acorde uma corda para baixo. Use o seu primeiro dedo para fazer uma pestana no acorde aberto de Lá.

Exemplo 6q:

O exemplo a seguir é uma ideia rítmica comum no rock que tem sido usada por centenas de artistas - dos Rolling Stones ao Status Quo. Ela é uma variação da ideia anterior, mas incorpora uma abordagem mais próxima do Texas Blues.

Observe que, mesmo que a maioria das vozes de acordes consista apenas de seleções de duas notas dos acordes de Lá e Ré Maior, cada acorde pode ser dividido em seções superiores e inferiores. As notas do baixo são usadas para manter um ritmo "em aceleração", enquanto as notas altas do acorde são utilizadas para acentuar o próprio acorde no riff.

Você pode manter esse riff abafado para ter um efeito mais percussivo - ou deixar as cordas soarem um pouco mais para ter um som mais aberto e rico. Às vezes, ambas as técnicas serão utilizadas: uma abordagem percussiva no verso e outra mais aberta no refrão, agregando energia e textura à música.

Quaisquer decorações blueseiras a esses acordes são tocadas usando os dedos livres da mão da escala.

Exemplo 6r:

As ideias dos dois exemplos anteriores podem ser facilmente combinadas, e há várias formas possíveis de introduzi-la em novos acordes e frases. Ouça cuidadosamente às suas bandas de rock favoritas e você ouvirá essas ideias aparecendo frequentemente.

Para mais riffs de blues, veja o meu livro **O Guia Completo Para Tocar Blues na Guitarra Livro Um: Guitarra Base.**

Os guitarristas do AC/DC são mestres em usar simples acordes abertos para criar grandes riffs. Ao combinar acordes divididos, abafados e soantes, eles conseguiram criar alguns dos riffs de guitarra mais memoráveis dos últimos 40 anos.

Aqui vai uma ideia no estilo de rock clássico.

Exemplo 6s:

Como sempre, ouça o exemplo de áudio para saber como deve soar. Observe como as palhetadas cheias são combinadas com palhetadas menores e frases em apenas uma corda.

Aqui vai outro exemplo em um estilo semelhante.

Exemplo 6t:

Os exemplos anteriores fazem mais uso de notas abafadas com a mão direita. Mantenha cada acorde de Lá Maior fechado e percussivo, e deixe os acordes de Ré e Sol soarem.

Como há um número limitado de acordes abertos usados nos riffs de rock clássico, muitas vezes é o ritmo da progressão que torna a sequência de acordes reconhecível.

Os dois exemplos a seguir demonstram a mesma progressão de acordes sendo tocada de duas formas diferentes. A primeira é um riff clássico de punk, enquanto a segunda é uma canção icônica de pop-rock dos anos 90.

Exemplo 6u:

Exemplo 6v:

Acordes abertos são recursos que definem e caracterizam diversas músicas de rock. Muitas vezes, você encontrará progressões idênticas sendo usadas de diferentes formas. Para os guitarristas, na maioria das vezes as músicas se diferenciam por uma ideia rítmica, tempo ou riff em particular.

Escute, de forma analítica, ao maior número de músicas de rock no estilo que você pretende dominar. Tente transcrever as sequências de acordes, ouvindo a linha do baixo ou procurando por uma transcrição online. Registre os acordes utilizados e preste atenção nas características que tornam a guitarra base única. Os acordes estão sendo pressionados, abafados ou há uma combinação dessas duas técnicas? Há palhetadas abafadas entre acordes? Quais acordes estão sendo acentuados?

Preste atenção no que está acontecendo sob o riff principal da guitarra solo ou sob a voz principal, e tente observar como os instrumentos estão se complementando. Quantas guitarras você consegue ouvir? A guitarra base está tocando no mesmo tempo que a voz? Ou está apenas tocando pequenas linhas entre cada frase?

Tente desenvolver um "dicionário" de ideias rítmicas e experimente o máximo que você conseguir. Ouça os *embelezamentos* dos acordes abertos - muitos desses recursos serão ensinados no próximo capítulo.

A melhor coisa que você pode fazer enquanto músico é ouvir e transcrever as músicas que você gosta. Isso pode ser difícil no começo. Não hesite em usar vídeos ou tablaturas online para ajudá-lo nessa tarefa, mas você aprenderá mais rápido se tentar fazer sozinho.

Transcrever e aprender músicas dessa forma também irá ajudá-lo a desenvolver um repertório. Guitarristas são notórios por aprender apenas os riffs famosos das músicas mais famosas. Se você se distinguir dos demais, focando em aprender as músicas inteiras, você sempre terá algo para tocar e ensaiar.

Até agora, nós vimos como funcionam os acordes abertos de uma forma bem básica. Entretanto, há vários outros embelezamentos úteis que podem ser aplicados a cada desenho de acorde. Isso é o que nós veremos no próximo capítulo.

Capítulo Sete: Embelezamentos

Ao tocar rock na guitarra com acordes abertos, normalmente é bastante fácil colocar ou tirar um dedo para criar um som bem diferente. Pequenos embelezamentos têm sido utilizados para criar grandes riffs de rock.

Por exemplo, este riff usa variações muito simples dos acordes de Ré e Lá Maior para criar um riff memorável:

Exemplo 7a:

Essa ideia também pode ser utilizada para criar uma vibe meio country no acorde de Ré.

Exemplo 7b:

Todos os acordes abertos sempre possuem muitos embelezamentos como esses disponíveis, e nós estudaremos os principais.

Para demonstrar com clareza as notas disponíveis, eu escrevi esses recursos nos diagramas de acordes. O desenho original do acorde está em preto, e as possíveis inserções são mostradas como círculos vazados. Às vezes, duas notas podem ser alteradas ao mesmo tempo.

Ademais, eu escrevi um pequeno riff para cada acorde que utiliza algumas dessas alterações. Entretanto, você deve passar tanto tempo quanto possível trabalhando sua própria criatividade e construindo os seus próprios riffs e frases.

Não há espaço suficiente aqui para abordar todas os acordes abertos que são utilizados no rock, mas eu tentarei abordar os principais. Sempre experimente com novos acordes para ver onde você pode inserir ou retirar um dedo ou dois a partir do desenho básico de cada acorde.

Ré Maior

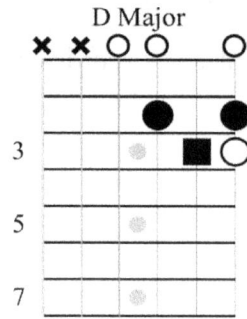

Exemplo 7c:

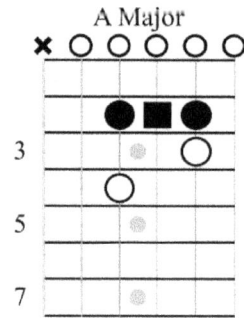

Lá Maior

Exemplo 7d:

Também experimente fazer um hammer-on a partir das cordas abertas escritas no diagrama.

O hammer-on duplo do exemplo acima é um movimento muito comum e ocorre com frequência nas linhas de guitarra de Brian May e Keith Richards. Tecnicamente, esse desenho é uma vocalização do acorde D/F# com pestana, e será abordado na página 76. Por ora, veja este riff, que faz um slide de duas casas com a pestana:

Exemplo 7e:

Os acordes menores tendem a permitir os mesmos embelezamentos que os acordes maiores. Por exemplo: o acorde de Lá Menor possui muitos dos embelezamentos do acorde de Lá Maior.

Lá Menor

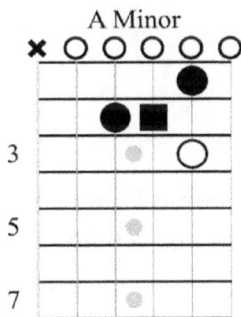

A Minor

Exemplo 7f:

Existem muitos recursos assim disponíveis para todos os tipos de acordes em Lá. O segredo é experimentar e escutar as músicas do seu gênero preferido. Além disso, também é importante ouvir as músicas de estilos que você normalmente não escuta. Por exemplo: muitas progressões de folk são adaptadas facilmente para o rock.

Fá Maior

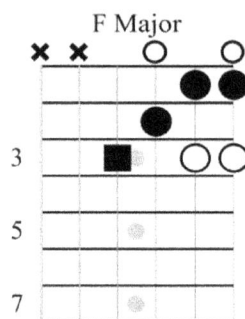

Exemplo 7g:

O riff acima lembra bandas "indie" modernas, como Franz Fedinand e The Black Keys. Mantenha o riff bem fechado tocando as notas em staccato. Para isso, use a mão da palheta para "matar" as cordas depois de cada acorde tocado.

Dó Maior

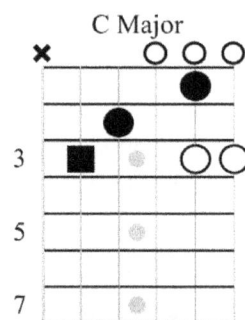

Exemplo 7h:

A ideia acima, em Dó Maior, é um pouco mais folk - mas, se tocada com o timbre certo e a atitude certa, cairia muito bem em uma música do Lynyrd Skynyrd, por exemplo.

Sol Maior

Exemplo 7i:

Esse riff é baseado em um estilo típico dos anos 70.

Mi Menor

O tom de Mi Menor é muito utilizado no rock pesado. Dependendo do tipo de humor que você deseja criar, os embelezamentos podem variar.

Como sempre, experimentar é a chave para criar linhas de guitarra base interessantes.

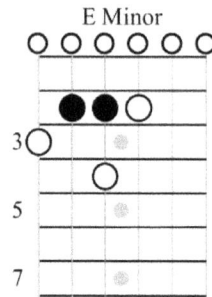

Exemplo 7j:

Todos os acordes abertos podem ser alterados e embelezados de alguma forma, e eu poderia encher este livro rapidamente se fosse abordar, em detalhes, todos os acordes mais comuns. Passe algum tempo explorando cada acorde individualmente, e então combine algumas das ideias para criar ideias rítmicas interessantes e melódicas.

Muitas vezes, ideias simples e semelhantes, como as do exemplo abaixo, funcionam muito bem sobre qualquer acorde de uma progressão.

Exemplo 7k:

Geralmente, decorações como essas em acordes abertos ocorrem no corpo principal do acorde (as notas mais altas). A nota tônica permanece inalterado, embora existam alguns movimentos importantes com a nota tônica que você deve saber.

No rock (inclusive no rock acústico), é comum usar uma técnica chamada de *"baixo descendente"* para conectar os acordes. Iremos examiná-la na próxima seção.

Linhas de Baixo Descendente

Linhas de baixo descendentes têm sido utilizadas desde os primórdios da música barroca, e agora são uma parte vital da guitarra no rock. Elas funcionam maravilhosamente bem quando utilizadas por uma guitarra sem acompanhamento, mas elas também nos permitem "fechados" com o baixista, para formar uma "cozinha" firme.

Veja o começo de "Stairway to Heaven", ou as linhas de baixo descendentes de "Dazed and Confused", ambas do Led Zeppelin. Para um exemplo mais moderno, veja "Whatever", do Oasis, que usa essa técnica no violão.

Sem entrar em uma discussão muito técnica, uma linha de baixo descendente normalmente irá conectar dois acordes ao inserir uma única nota entre eles. Com acordes abertos, há três importantes movimentos que você deve saber.

A primeira consiste em descer o baixo em um tom, de G para Em:

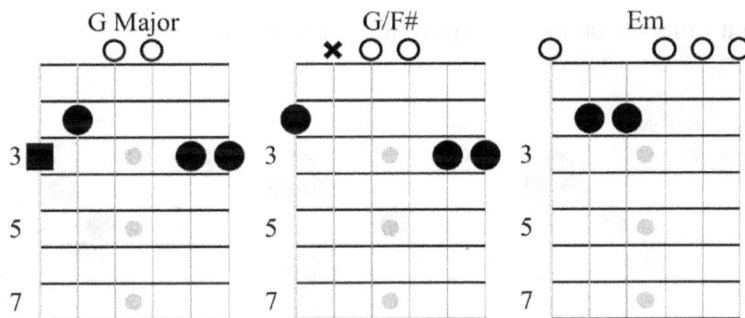

Exemplo 7l:

O próximo exemplo mostra o baixo descendo de C para Am:

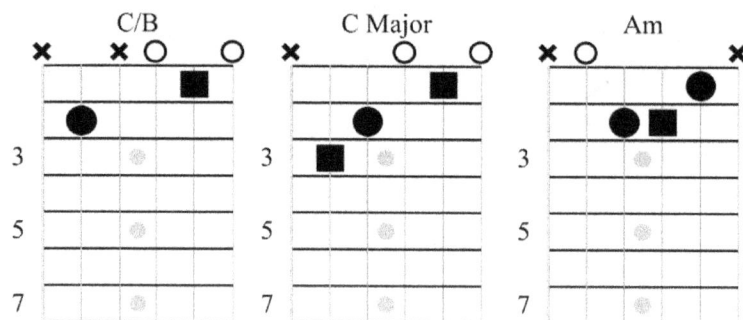

Exemplo 7m:

O último exemplo mostra a linha de baixo descendo de F para Dm7:

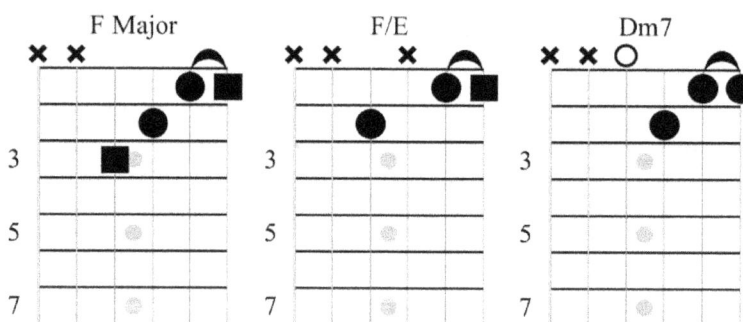

Exemplo 7n:

Todos esses movimentos podem ser invertidos para formar uma linha de baixo *ascendente*.

Agora que nós vimos os três movimentos principais de linhas de baixo descendentes em acordes abertos, vamos combinar algumas dessas ideias para criar uma frase maior. Jack Johnson utiliza uma ideia semelhante em "Better Together", mas aqui está a mesma sequência em um ambiente de rock.

Tome cuidado com o acorde Bb no terceiro compasso, pois ele pode ser um pouco difícil no começo. Se estiver com dificuldades, tente mudar a posição do seu polegar na escala.

Exemplo 7o:

O próximo exemplo é um pouco mais folk, mas ele daria uma ótima introdução para uma música de rock pesado - ou uma seção intermediária mais calma de uma balada.

Nesse exemplo, eu combinei alguns dos embelezamentos anteriores para criar uma melodia *ascendente*, enquanto a linha de baixo vai no sentido contrário. Para ouvir mais coisas nesse estilo, ouça Nick Cave, John Martyn ou até mesmo Joe Perry, do Aerosmith, em um momento mais calmo.

Exemplo 7p:

Linhas de baixo descendentes também podem ser utilizadas com power acordes.

Exemplo 7q:

Muitas músicas de rock usam power acordes. Dominá-los é essencial se você quiser se tornar um guitarrista de rock fluente. Pratique fazer slides longos, para cima e para baixo na escala, enquanto segura um power acorde. Experimente também se mover para as cordas adjacentes, de modo que você se familiarize com seja lá o que as suas próximas músicas estejam reservando para você.

Capítulo Oito: Acordes de Pestanas e Notas Únicas

Acordes abertos na guitarra são formados através da execução de um certo padrão de notas, com algumas dessas notas sendo tocadas em cordas abertas. Se nós deslizarmos nossos dedos pela escala, nós alteramos as notas do acorde; mas as notas nas cordas abertas permanecem inalteradas. Isso significa que nós não estaríamos mais tocando um acorde "reconhecível".

Entretanto, nós podemos utilizar desenhos de acordes abertos em posições mais altas da escala. Basta encontrarmos um jeito de levar as notas das cordas abertas conosco, mantendo o padrão de notas do acorde. Para fazer isso, nós utilizamos acordes de *pestana* para "levar as cordas abertas conosco", mantendo os desenhos idênticos.

Em inglês, o acorde de pestana se chama "barre chord". A palavra "barre" vem do espanhol ("to bar"). Normalmente, utilizamos o primeiro dedo para fazer a pestana por cima de todas as cordas. Geralmente nós precisaremos refazer levemente a digitação do acorde, mas como não haverá cordas abertas, um acorde de pestana pode ser tocado em qualquer ponto da corda.

Veja, por exemplo, os seguintes diagramas de acordes para o acorde Em:

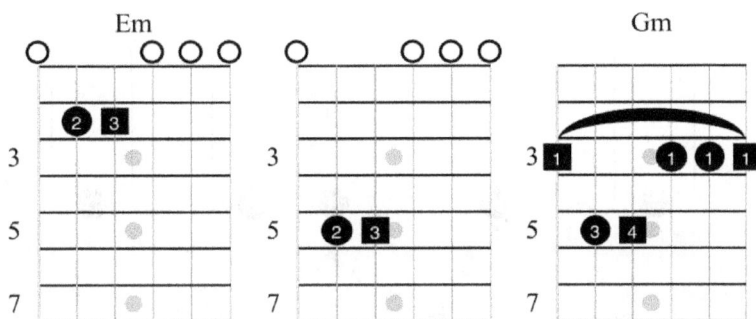

O primeiro diagrama mostra o acorde de Mi Menor (Em). Pense nisso como um desenho de acorde menor. Esse desenho em particular contém algumas cordas abertas.

Se levarmos esse acorde três casas para cima, deixando as cordas abertas soarem, nós alteraremos a relação entre as notas e não estaremos tocando mais um acorde menor.

Entretanto, se nós substituirmos as cordas abertas do segundo diagrama por uma pestana na terceira casa, então nós teremos restabelecido a relação entre as notas, como visto no acorde Em original. A nota tônica do acorde ainda está na sexta corda - porém, como a tônica agora está na terceira casa, nós temos um acorde de *Sol Menor*.

Essa pestana permite que você transponha o seu acorde menor para qualquer lugar da escala. Enquanto você souber os nomes das notas na sexta corda, você poderá mover esse desenho para qualquer lugar para formar qualquer acorde menor.

Veja, por exemplo, estes acordes de pestana de Am e Cm:

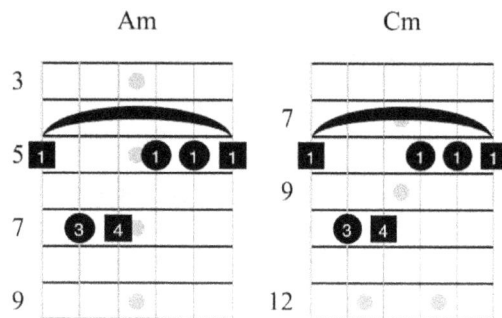

Aprenda as notas na 6ª corda da guitarra e pratique transpor esse desenho de pestana pela escala. Diga o nome do acorde em voz alta conforme você for tocando. Aqui estão as notas da sexta corda:

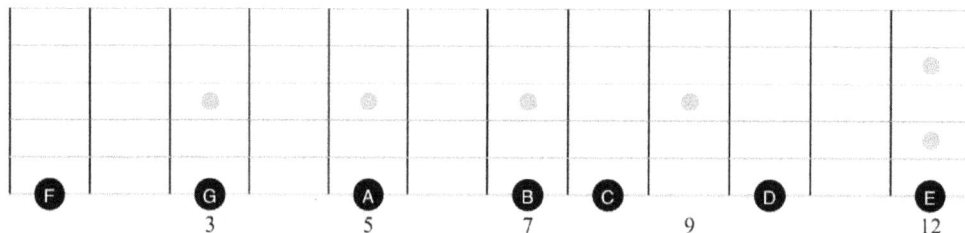

Esse processo funciona para qualquer acorde. Este desenho de acorde menor tem a nota tônica na quinta corda:

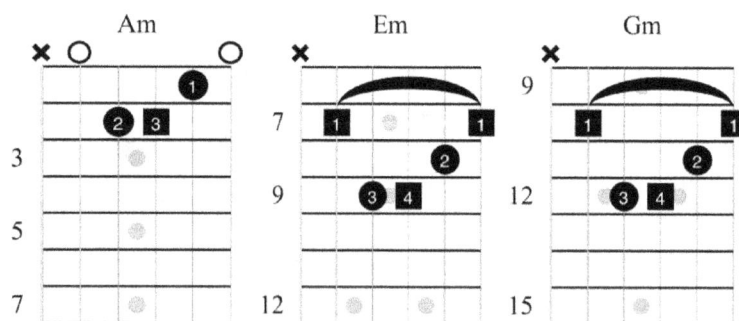

Aprenda as notas da quinta corda e, mais uma vez, pratique a transposição desse acorde menor para outras notas tônicas. Sempre diga o nome do acorde em voz alta.

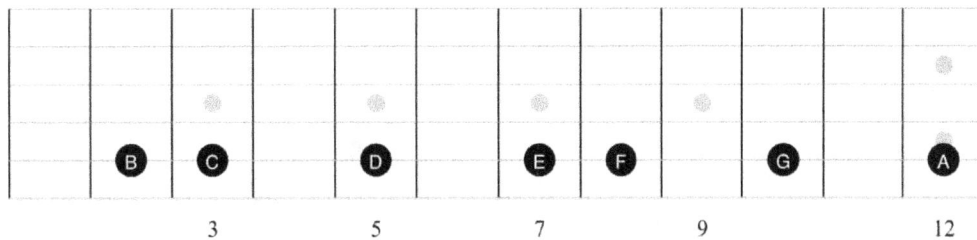

Acho que você já reparou, mas a grande vantagem dos acordes de pestana é que nós precisamos conhecer apenas um desenho para tocar vários acordes diferentes. Nós podemos levar o mesmo desenho de acorde para cima e para baixo na escala, acessando acordes como Gm, Am, Bm, etc.

Às vezes é bem difícil tocar alguns acordes abertos. Então, se você não sabe como tocar um F#m aberto, você pode simplesmente encontrar a nota F# na sexta (ou quinta) corda e tocar o desenho de acorde apropriado. Essa estratégia é muito útil para encontrar um jeito de tocar um acorde que você não conhece.

Normalmente você não desejaria ir muito longe na extensão da corda, pois isso alteraria o timbre dos acordes. Se você puder, é melhor tocá-los através das cordas. Por exemplo: seria melhor tocar a sequência de Gm para Cm como no diagrama a seguir, ao invés de tocá-la na mesma corda:

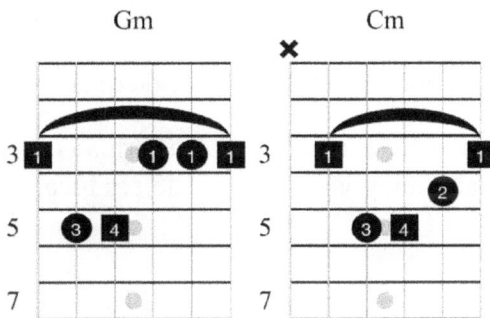

Entretanto, tocar vários acordes de pestana na mesma corda costuma acontecer, e cria alguns efeitos especiais.

Há três tipos iniciais de acordes de pestana que você deve saber. Todos eles são construídos a partir de desenhos de acordes abertos. Nós já vimos os desenhos de acordes menores. Agora, veja os desenhos para os acordes Maior e "7", com as notas tônicas na sexta e na quinta corda.

Desenhos Maiores:

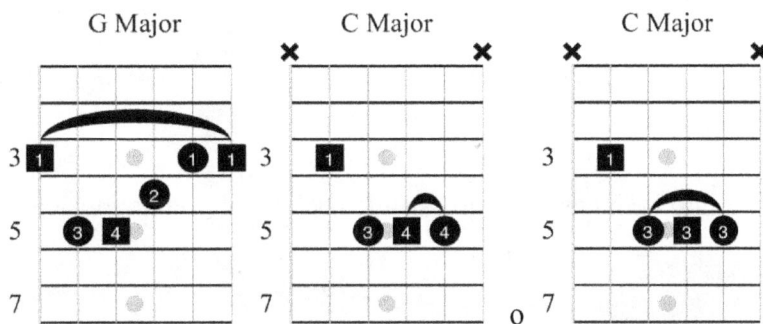

(Observe que a pestana na quinta corda do desenho é tocada com o 4º dedo, o que pode ser um pouco difícil. Você também pode usar o seu 3º dedo se achar mais fácil.)

Desenhos Dominantes (ou "7"):

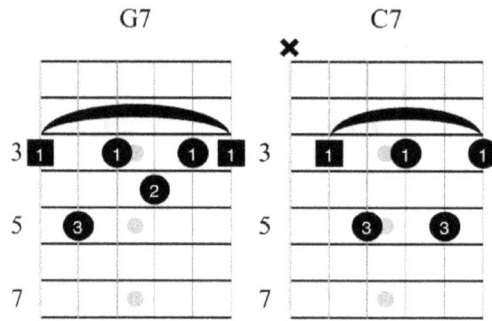

G7 · C7

(diagramas de acordes)

Existem vários outros desenhos de acordes de pestana, mas, como eu disse, eles preencheriam todo este livro e mais alguns. Você conhecerá novos desenhos conforme for aprendendo novas músicas, mas se estiver interessado em ampliar o seu vocabulário de acordes, veja o meu livro **Acordes de Guitarra Contextualizados, Parte Um**.

Acordes de pestana são difíceis de aprender no começo, e muitas vezes você achará que está abafando notas ou causando ruídos em certas cordas. Todos têm dificuldades no início, e o meu melhor conselho é que você pratique continuamente e tente ajustar a posição do seu pulso e do seu polegar se estiver com ruídos.

Certifique-se de fazer muitas pausas e permanecer consciente da quantidade de pressão que você está usando.

Acordes de pestana também costumam ser utilizados em sua forma completa para tocar simples progressões de acordes. Uma das progressões mais famosas no rock pode ser tocada através de alguns dos desenhos de acordes mostrados acima.

Exemplo 8a:

```
        Dm                          C         Bb          A
  4
  4

T   5  5  5  X  5  5  5    5    8  8  X  8  6  6  X  6    5  5  X  5  5  5  X  5    5  5  X  5  5  5  X  5
A   6  6  6  X  6  6  6    6    8  8  X  8  6  6  X  6    5  5  X  5  5  5  X  5    5  5  X  5  5  5  X  5
B   7  7  7  X  7  7  7    7    9  9  X  9  7  7  X  7    6  6  X  6  6  6  X  6    6  6  X  6  6  6  X  6
    7  7  7  X  7  7  7    7   10 10  X 10  8  8  X  8    7  7  X  7  7  7  X  7    7  7  X  7  7  7  X  7
    5  5  5  X  5  5  5    5   10 10  X 10  8  8  X  8    7  7  X  7  7  7  X  7    7  7  X  7  7  7  X  7
                                8  8  X  8  6  6  X  6    5  5  X  5  5  5  X  5    5  5  X  5  5  5  X  5
```

As pestanas são utilizadas muito bem nessa progressão de rock inspirada na música barroca.

Exemplo 8b:

Às vezes, pode ser apropriado utilizar pestanas com as notas tônicas na mesma corda, para criar um efeito específico.

Exemplo 8c:

Esses acordes também podem ser combinados com algumas das técnicas blueseiras de baixo mostradas no capítulo 7. Ao dividir o acorde e inserir algum movimento no baixo, é possível criar uma intrincada linha de guitarra, típica das músicas de rock mais antigas.

Exemplo 8d:

Acordes de pestanas cheias ocupam muito do "espaço" sônico de uma banda. Nós estamos cobrindo um monte de frequências, que provavelmente serão dobradas pelos outros músicos, especialmente se estivermos tocando com um tecladista. Mesmo a nota mais grave da guitarra pode colidir com o baixista se ele estiver tocando notas mais altas na escala.

Normalmente, é desejável permanecer fora do caminho dos outros instrumentistas da banda. Por isso, muitos guitarristas limitam seus acordes a apenas três ou quatro cordas da guitarra. Há duas formas de fazer isso: pressionando a pestana cheia e evitando tocar as notas graves com a palheta, ou redigitando o acorde.

Os dois métodos têm vantagens diferentes, embora redigitar o acorde lhe dê dedos livres que podem embelezar a guitarra base, como nós vimos anteriormente com os acordes abertos.

Pestanas de acordes maiores e menores podem ser redigitadas das seguintes formas.

Essas pestanas parciais são muito úteis e foram usadas com frequência nos primórdios do rock, nos anos 50 e 60.

Exemplo 8e:

Como nem todos os dedos estão sendo utilizados, isso lhe dá espaço para inserir alguns embelezamentos à frase.

Exemplo 8f:

Jimi Hendrix levou essa ideia um passo à frente e passou o polegar por cima do braço da guitarra para tocar a nota grave do acorde na sexta corda.

Jimi cresceu tocando em bandas de R&B dos anos 50, então nós não estamos exatamente surpresos de que ele tocasse a guitarra base dessa forma.

Exemplo 8g:

Já que estamos falando de Jimi Hendrix, há um acorde de pestana que nenhum guitarrista pode desconhecer. O acorde é um E7#9 meio jazz, mas é normalmente chamado de "Hendrix Chord".

Quando esse acorde é tocado com Mi na nota tônica, é normal utilizar a sexta corda (E) como um baixo extra.

O Acorde Hendrix possui um som bastante peculiar, e assim que você tocá-lo ele passará a se destacar em qualquer lugar que você o ouça.

O exemplo a seguir lhe ensina a forma clássica de utilizar o acorde 7#9 na guitarra.

Exemplo 8h:

Assim como com os acordes apertos, há vários embelezamentos disponíveis para cada desenho de pestana. Eu recomendo que você explore as diferentes digitações e experimente com outras notas se o desenho do acorde assim permitir.

Anteriormente, nós fizemos um embelezamento para um acorde de Lá Maior aberto que também pode ser aplicado sobre pestanas. Estude os diagramas a seguir:

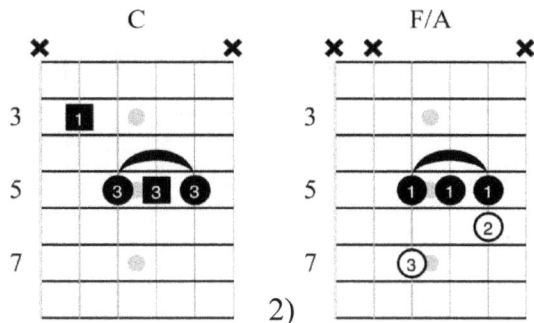

2)

O primeiro diagrama mostra uma pestana normal de Dó Maior, enquanto o segundo acorde em outra digitação, sem a nota tônica e com dois embelezamentos.

Faça a pestana nas notas do segundo diagrama na quinta casa e toque a frase a seguir.

Exemplo 8i:

O acorde Dó é tocado sem a tônica, e o acorde Fá é tocado com a 3ª (Lá) no baixo.

Dó para Fá (Acorde I para Acorde IV) é, talvez, um dos movimentos de acordes mais comuns da música, mas disfarçá-lo dessa maneira ajuda a torná-lo fresco e novo.

Esse movimento de acorde ocorre em centenas de clássicas do rock (mas em tons e ritmos bem diferentes).

Veja os exemplos a seguir:

Exemplo 8j:

Exemplo 8k:

Exemplo 8l:

Como você pode ouvir, essa combinação de acordes é extremamente versátil, formando uma grande porção do vocabulário rítmico dos clássicos do rock.

Tocando a Base em Notas Únicas

Acordes e seus possíveis embelezamentos formam uma grande parte da guitarra base do rock, mas muitas músicas também são baseadas em ideias rítmicas de apenas uma nota.

Muitas vezes, essas linhas em notas únicas são criadas palhetando desenhos individuais de acordes, mas a frase de nota única é a força motriz da música.

Essas frases são normalmente baseadas em apenas algumas notas da escala pentatônica menor e lançam mão de muita repetição para que o ouvinte não se distraia muito da melodia do(a) vocalista. Além disso, você verá que, muitas vezes, os ritmos utilizados para tocar essas notas únicas são bem sincopados (tocados entre os tempos principais do compasso), de modo que eles contrastem com o posicionamento da melodia vocal. Isso é mostrado no exemplo 8m:

Exemplo 8m:

Exemplo 8n:

O próximo riff deixa bastante espaço para outros instrumentos, como um sintetizador ou um órgão Hammond.

Às vezes, tudo o que você precisa é de uma escala descendente e uma nota para usar de baixo.

Exemplo 8o:

Jimi Hendrix era mestre em usar apenas algumas notas para criar toda a base de uma música.

Exemplo 8p:

Muitas vezes, menos é mais. Se você estiver tocando em uma banda com outros instrumentos, então pode ser que você precise de apenas uma pequena sequência de notas repetidas para trazer cor e movimento para a música. Se houver outra guitarra na banda, dificilmente você desejará que ambas as guitarras estejam tocando exatamente a mesma coisa.

Arquivo de Rock Clássico

A última parte deste livro aborda algumas ideias rítmicas de clássicos do rock das últimas seis décadas. Evidentemente, a música de qualquer período de dez anos será variada e diversa. Porém, certos elementos estilísticos tendem a se destacar.

Começando nos primórdios do rock nos anos 50, nós examinaremos as figuras rítmicas que se tornaram essenciais para o guitarrista moderno.

Você verá como o vocabulário abordado até aqui neste livro pode ser combinado para criar um som inovador.

Se a sua praia for mais moderna, não subestime as ideias que você julga ultrapassadas e "caretas". A música possui uma linha do tempo e uma história. Todo novo estilo é construído com partes dos estilos passados. A música também entra e sai de moda. Muitas bandas de rock famosas nos anos 90 foram fortemente influenciadas pelas bandas dos anos 60, e o rock "fritação" dos anos 80 esteve em evidência por um tempo nos anos 2000.

Todos os guitarristas de rock são, de alguma forma, influenciados e em débito com os músicos que vieram antes deles. Entender as influências dos seus heróis da guitarra irá ajudá-lo a desenvolver um conhecimento profundo do seu estilo.

Por exemplo: Jimmy Page foi fortemente influenciado pelos guitarristas de blues das antigas, e cresceu tocando Skiffle.

Eric Clapton foi bastante influenciado por Muddy Waters e Robert Johnson. Já o Eddie Van Halen citou o Eric Clapton como uma influência essencial.

Tony Iommi declarou que Django Reinhardt e Hank Marvin foram guitarristas importantes no seu desenvolvimento como músico. A árvore genealógica do rock é bem complicada!

Isso foi apenas para te mostrar que você nunca sabe como a técnica de uma lenda da guitarra se desenvolveu. O meu conselho é que você ouça tudo que conseguir e aprenda como analisar uma música, mesmo que ela tenha 70 anos. Descubra o que faz essa música funcionar e crie alguns riffs usando essas ideias.

Antes que você perceba, você terá um catálogo de riffs em diversos estilos diferentes e estará no meio do caminho para se tornar um compositor criativo.

Como eu mencionei na introdução, eu não posso colocar transcrições nota a nota aqui, pois isso seria uma violação de direitos autorais e propriedade intelectual. Esse capítulo contém riffs no estilo das bandas mais importantes de cada década.

Aviso! As seções a seguir contêm listas extensas de recomendações para você ouvir. Os seus álbuns favoritos podem não estar na lista, mas eu garanto que é mais por falta de espaço do que por uma omissão deliberada. Sinta-se livre para entrar em contato através de **www.fundamental-changes.com** se você achou que eu me esqueci de algum clássico!

Capítulo 9: A Guitarra Base no Rock Através das Décadas

Anos 50

Os anos 50 presenciaram os primórdios do rock, impulsionado pela introdução da primeira guitarra elétrica de corpo sólido comercialmente disponível, em 1948. É amplamente considerado que a primeira música de rock n' roll foi "Rocket 88", de Ike Turner, que tinha uma linha de guitarra distorcida no swinge do rhythm and blues dos anos 30 e 40. Ao longo dessa década, o rock n' roll começou a evoluir com artistas notáveis, incluindo Bill Haley and his Comets, Fats Domino, Chuck Berry, Little Richard, Eddie Cochran, Buddy Holly e, claro, Elvis Presley.

Apesar de a guitarra elétrica começar a se tornar mais comum na música popular daquela época, grande parte do rock n' roll dos anos 50 é comandado pelo piano. Artistas como Fats Domino, cuja música era predominantemente tocada no piano, não devem ser ignorados.

Álbuns Recomendados

Chuck Berry is on Top – Chuck Berry

Rock and Roll – Elvis Presley

The "Chirping" Crickets – The Crickets

Here's Little Richard – Little Richard

Go Bo Diddley – Bo Diddley

Buddy Holly – Buddy Holly

Shake, Rattle and Roll – Bill Haley and his Comets

Jailhouse Rock – Elvis Presley

Estilos Rítmicos

Como o rock n' roll surgiu a partir do rhythm and blues, não é surpresa nenhuma encontrar uma grande influência desse estilo durante a primeira década. No estilo de Bill Haley, essa linha de guitarra deixa uma lacuna no primeiro tempo (como em diversas linhas de guitarra do R&B) e também usa um acorde E9 no terceiro compasso, enriquecendo a harmonia.

Exemplo 9a:

Em seus primórdios, a guitarra do rock pegava muita coisa emprestada das progressões de acordes do blues e do R&B. Porém, ao invés de tocá-las no ritmo blueseiro, "preguiçoso", elas eram tocadas de forma acelerada.

O exemplo a seguir é uma estrutura de acordes comum no rock, em algo ao melhor estilo de Chuck Berry. Ela é baseada na sequência de acordes de um blues de 12 compassos tradicional, mas com tudo comprimido em apenas 8 compassos. O blues de 8 compassos se tornou muito famoso no rock e tem sido bastante utilizado nos últimos sessenta anos. Bandas como Status Quo fizeram carreira sobre esse tipo de ideia.

Nesse exemplo, use os seus dedos 1 e 3 para tocar o primeiro power acorde, e use o seu mindinho para acertar a 9ª casa. Se você não tiver alcance, tente descer o seu polegar atrás da escala. Experimente com diferentes quantidades de palm mute na mão da palheta.

Exemplo 9b:

Guitarristas de base também tocavam linhas de arpejo de notas únicas no baixo, que deixavam bastante espaço para o piano tocar uma linha de improviso. Muitas vezes, essas linhas eram tocadas com distorção para distinguir a guitarra dos demais instrumentos.

Tente tocar a linha a seguir sobre as mudanças de acordes de quaisquer dos exemplos anteriores. Realçar os acordes com ideias de arpejos pode causar um grande contraste com a outra guitarra que estiver tocando apenas acordes.

Exemplo 9c:

O rock n' roll dos anos 50 foi a pedra fundamental de tudo o que veio depois. É importante conhecer as raízes do estilo que você quer tocar, e esses tipos de riffs são bastante úteis no dia-a-dia do músico ativo.

O estilo que definiu os anos 60 bebeu da fonte do rock n' roll dos anos 50 e se moldou a esse estilo para criar uma forma crua e poderosa.

Anos 60

Foi nos anos 60 que o rock proclamou sua independência e se diversificou enormemente. Enquanto músicos como Elvis ainda tinham sucesso nas paradas musicais, a "Invasão Britânica", com Rolling Stones, Cream, The Who e Led Zeppelin, dentre outros, ganhava espaço. Os anos 60 começaram com uma "polinização" musical que veio do Atlântico, com artistas norte-americanos como Jimi Hendrix e The Velvet Underground aparecendo nas paradas musicais britânicas.

O conteúdo lírico do rock começou a caminhar em direção a um comentário político e de consciência social, destacado por "My Generation" do The Who. É interessante destacar, porém, que muitas faixas do álbum homônimo também derivam do R&B e do blues.

Nos Estados Unidos, o rock começou a receber uma grande cobertura em programas como Ed Sullivan Show, e o final dos anos 60 ficou marcado pelos primeiros festivais de rock, culminando em 1969 quando 500 mil pessoas se reuniram nos três dias do festival de Woodstock.

Álbuns Recomendados

My Generation – The Who

Are you Experienced / Electric Ladyland / Axis: Bold as Love – Jimi Hendrix

Cream – Disraeli Gears / Goodbye

The Animals – The Animals

Kinks – The Kinks

Sgt Pepper's Lonely Hearts Club Band / A Hard Day's Night / The White Album – The Beatles

Led Zeppelin / Led Zeppelin 2 – Led Zeppelin

The Doors – The Doors

The Rolling Stones / Aftermath / Let it Bleed / Between the Buttons – The Rolling Stones

The Band – The Band

The Velvet Underground – The Velvet Underground and Nico

Green River – Creedence Clearwater Revival

Roger the Engineer / Little Games / For Your Love – The Yardbirds

In the Court of the Crimson King – King Crimson

Black Sabbath – Black Sabbath

É impossível listar todos os músicos e bandas importantes dos anos 60. Seria necessária uma listagem bem extensa! Todo o catálogo dos primórdios dos Beatles é essencial, assim como o trabalho de Hendrix, Rolling Stones, Cream e Led Zeppelin. Também vale a pena dar uma olhada nas bandas que assinaram com a Motown Records, bem como o renascimento de artistas Afro-Americanos em gravadoras como Atlantic e Stax. A música não existe dentro de um vácuo, e é necessária uma audição profunda para sentir como um estilo influencia o outro.

Estilos Rítmicos

O primeiro exemplo mostra apenas uma forma para como as bandas dos anos 60 desenvolveram a progressão "padrão" do acorde I para o IV. Ao utilizar power acordes abordando o acorde-alvo a partir de um tom abaixo, eles criavam um riff dinâmico e agudo.

Exemplo 9d:

O exemplo a seguir mostra como uma simples progressão de acordes folk pode receber um tratamento digno do rock dos anos 60. Enquanto várias bandas cuspiam power acordes, esses quatro acordes formaram uma das canções mais populares e duradouras dos anos 60.

Esse exemplo pode ser tocado com um timbre limpo, deixando as notas soarem, mas tente adicionar um pouco de ganho e fazer um palm mute para tocar essa frase em um ritmo regular (e não da forma swingada como está escrito).

Às vezes, tudo o que você precisa são quatro acordes e uma boa letra.

Exemplo 9e:

Uma linha de guitarra base também pode ser feita com apenas uma única frase. Artistas como Jimi Hendrix, Rolling Stones e Led Zeppelin usavam essa abordagem com frequência. Muitas vezes, uma música se torna instantaneamente reconhecível pelo quão "pegajoso" é o refrão.

Use fuzz para deixar a sua guitarra em evidência e insira um pouco de phaser para criar uma vibe anos 60.

Exemplo 9f:

O próximo exemplo mostra um ótimo jeito de combinar uma linha de solo com um riff devastador de power acorde.

Aumente o volume e mantenha a palhetada precisa.

Exemplo 9g:

Alguns diriam que o ápice dos anos 60 foi Woodstock, e que, com o declínio daquela breve onda psicodélica, o Led Zeppelin inaugurou uma nova era do rock pesado e do metal.

Anos 70

Nos anos 70, o hard rock e a música psicodélica se combinaram para formar o rock progressivo, com bandas notáveis como Yes, Genesis, King Crimson e Pink Floyd.

Havia, definitivamente, um sentimento de "amadurecimento" com as bandas que estavam se desenvolvendo no final dos anos 60 e que permaneceram relevantes ao longo dos anos 70. Artistas como Led Zeppelin, The Rolling Stones e The Who viajavam em jatinhos privados e seus shows lotavam estádios pelo mundo todo.

Bandas de hard rock como Led Zeppelin influenciaram bandas como Deep Purple a mudar de direção, e semearam o movimento heavy metal com artistas como Black Sabbath e Alice Cooper.

O Queen lançou o seu primeiro álbum em 1973 e viria a dominar as duas décadas seguintes com o seu próprio tipo de rock.

Os anos 70 também foram repletos de perdas notáveis para a comunidade do rock. Jimi Hendrix, Jim Morrison e Janis Joplin morreram aos 27 anos e os Beatles se separaram em 1970, embora todos os seus quatro membros tenham embarcado em carreiras de sucesso.

Lírico e acessível, o rock *mainstream* de artistas como Bruce Springsteen e Bob Seger tocou bastante nas TVs e rádios. Devido à prolificação de gravadoras e estações de rádio, o rock continuou a evoluir. Também foi nos anos 70 que surgiram estilos como Glam, Disco, Punk e New Wave. O final dos anos 70 também presenciou uma nova era de cabelões e guitarristas, com bandas como o Van Halen.

Álbuns Recomendados

Rumours – Fleetwood Mac

The Wall / Animals / Wish You Were Here – Pink Floyd

Let it Be – The Beatles

Led Zeppelin III / IV / Physical Graffiti – Led Zeppelin

Queen / Queen II / Sheer Heart Attack / A Night at the Opera – Queen

Band on the Run – Wings

Machine Head – Deep Purple

Born to Run – Bruce Springsteen

Paranoid – Black Sabbath

Never Mind the Bollocks, Here's the Sex Pistols – The Sex Pistols

London Calling – The Clash

Selling England by the Pound - Genesis

Unknown Pleasures – Joy Division

Dire Straits – Dire Straits

Boston - Boston

Aja – Steely Dan

Off the Wall – Michael Jackson

Who's Next – The Who

Fragile – Yes

Dark Side of the Moon – Pink Floyd

Van Halen – Van Halen

Kiss / Alive – Kiss

(pronounced 'lĕh-'nérd 'skin-'nérd) – Lynyrd Skynyrd

Estilos Rítmicos

O rock "de arena" de bandas como Led Zeppelin e The Who dominou os anos 70 por bastante tempo, mas os riffs dessa época eram agudos e mais poderosos. O primeiro exemplo mostra como você pode utilizar pull-offs de um acorde de Lá Maior para adicionar movimento e empolgação a uma simples progressão de três acordes.

Exemplo 9h:

Às vezes, apenas um acorde levemente inesperado pode criar um som que pode perdurar por uma geração. Combinar essa ideia com um fraseado inteligente vai adicionar força e impacto dramático à guitarra base.

Exemplo 9i:

Mais uma vez, um fraseado preciso e controlado no contratempo cria uma base que conduz a música.

Exemplo 9j:

O último exemplo mostra uma nova ideia para um *shuffle* de blues. Coloque um pouco de distorção e toque com atitude.

Exemplo 9k:

Anos 80

O começo dos anos 80 marcou um ressurgimento do hard rock, com bandas como Mötley Crüe encontrando a fama depois da época do glam nos anos 70. O heavy metal se tornou mainstream depois do estouro da New Wave of British Heavy Metal (NWOBHM), como bandas como Judas Priest, Saxon e Motörhead.

Como uma reação ao glam, o *trash metal* nasceu na Califórnia, com bandas como Metallica, Anthrax e Slayerc sendo alguns dos principais expoentes.

O Guns N' Roses explodiu com o álbum "Appetite for Destruction", de 1987, e dominou as paradas com o seu som único, um hard rock bastante acessível.

O sucesso de bandas como Van Halen, Queen e AC/DC perdurou em uma década que também viu o retorno de nomes como Alice Cooper e Aerosmith. Os anos 80 também ficaram marcados como a era dos guitarristas virtuosos como Eddie Van Halen, Joe Satriani, Steve Vai e Randy Rhoads sendo amplamente aclamados.

Do movimento post-punk surgiram artistas importantes como The Cure e The Smiths, que se afastaram de um território sônico obscuro do movimento punk com letras mais sofisticadas.

Instrumentalmente, os anos 80 foram a época dos sintetizadores e instrumentos digitais. Também houve uma proliferação de meios digitais de gravação, permitindo a gravação de um número maior de faixas, além de efeitos de estúdio.

Álbuns Recomendados

Brothers in Arms – Dire Straits

Born in the USA – Bruce Springsteen

Synchronicity – The Police

Slippery When Wet – Bon Jovi

Hysteria – Def Leppard

The Queen is Dead – The Smiths

5150 / 1984 – Van Halen

Appetite for Destruction – Guns N' Roses

Ace of Spades – Motörhead

Master of Puppets – Metallica

Among the Living – Anthrax

Surfing with the Alien – Joe Satriani

Passion and Warfare – Steve Vai (1990)

Extreme – Extreme

Greatest Hits / A Kind of Magic – Queen

Blizzard of Ozz / Diary of a Madman / The Ultimate Sin – Ozzy Osbourne

Back in Black – AC/DC

Licensed to Ill – The Beastie Boys

Too Fast for Love / Shout at the Devil / Dr Feelgood – Mötley Crüe

Whitesnake / Slide it in – Whitesnake

The Unforgettable Fire / War / The Joshua Tree – U2

Estilos Rítmicos

Os acordes passaram a ser tocados em ataques rítmicos, ao contrário da harmonia estática de outrora. O exemplo a seguir usa os acordes como na página 76, para criar movimentos rítmicos sobre uma nota Lá. Mantenha as cordas abertas abafadas e deixe os acordes gritarem.

Exemplo 91:

Bandas como Van Halen, Whitesnake e Extreme muitas vezes utilizavam a seguinte adição a uma pestana de acorde Maior para movimentar a guitarra base. Pense nesses desenhos como power acordes ampliados, inserindo a nota extra com o seu 4º dedo.

Exemplo 9m:

Às vezes, alguns poucos acordes são suficientes para anunciar um retorno triunfal. O próximo exemplo tem um estilo mais AC/DC, mas combinado com uma frase solo com três simples power acordes.

Exemplo 9n:

Anos 90

O começo dos anos 90 foi dominado pelo grunge, um movimento musical formado em Seattle como um jeito de "retomar" o rock dos músicos virtuosos dos anos 80. Os artistas mais importantes desse movimento foram o Nirvana, o Pearl Jam e o Alice in Chains, e todas essas bandas ensinaram a uma geração inteira que você não precisava ser o Eddie Van Halen para tocar guitarra.

Bandas de rock "alternativo" chegaram ao sucesso, e o som do Red Hot Chili Peppers, que fundiu ideias de funk com a estética do rock, se tornou um dos mais importantes da década.

No Reino Unido, surgiu o Britpop, influenciado pelas bandas britânicas dos anos 60 e 70, que também foi a voz da contracultura jovem. O Oasis lançou o segundo álbum mais vendido da história do Reino Unido, com "(What's the Story?) Morning Glory".

Álbuns Recomendados

Nevermind / In Utero– Nirvana

Ten / Vs – Pearl Jam

Metallica (The Black Album) – Metallica

Dookie – Green Day

Blood Sugar Sex Magik / Californication – Red Hot Chili Peppers

(What's the Story?) Morning Glory – Oasis

Superunknown – Soundgarden

Rage Against the Machine / Evil Empire – Rage Against the Machine

Follow the Leader – Korn

Ænima - Tool

OK Computer / The Bends – Radiohead

Weezer – Weezer

Urban Hymns – The Verve

Use Your Illusion I / II – Guns N' Roses

Grace – Jeff Buckley

Make Yourself / S.C.I.E.N.C.E. – Incubus

Sublime – Sublime

Parklife – Blur

Everything Must Go – Manic Street Preachers

Different Class – Pulp

The Stone Roses – The Stone Roses (1989)

Pills 'n' Thrills and Bellyaches – The Happy Mondays

Vulgar Display of Power / Cowboys from Hell – Pantera

Foo Fighters – Foo Fighters

Significant Other – Limp Bizkit

Doolittle – Pixies (1989)

Estilos Rítmicos

O grunge dependia menos da habilidade instrumental e mais da mensagem de que a música era para as pessoas. O primeiro exemplo usa power acordes simples e um ritmo regular para dar um *punch*, ao mesmo tempo em que permite que a mensagem vocal se destaque.

Exemplo 9o:

O rock dos anos 90 era formado por frases cativantes e repetitivas que usavam acordes e ritmos simples.

Exemplo 9p:

O exemplo a seguir é um pouco mais "alegre", então use um timbre limpo e bastante ataque na palhetada. A figura a seguir é baseada em uma das canções de maior sucesso de 1991. Mais uma vez, observe como o hammer-on tipicamente roqueiro foi repaginado em um riff funkeado.

Exemplo 9q:

O Britbop bebeu da fonte de muitas bandas dos anos 60 e 70, particularmente os Beatles. O exemplo a seguir usa notas pressionadas durante uma linha de baixo descendente, para criar um verdadeiro hino.

Exemplo 9r:

Anos 2000

Nos anos 2000, a Internet era a força motriz da promoção e descoberta de músicas. Quando os artistas começaram a poder distribuir músicas livremente, sem a necessidade de gravadoras, começou a ocorrer uma fragmentação definitiva de gêneros musicais. Também ficou mais fácil encontrar inspiração a partir de novas influências.

Fora dos Estados Unidos, o Britpop ainda era extremamente popular - mesmo que no final da década algumas bandas estivessem ansiosas em se desprenderem do rótulo "Britpop", intitulando-se "post-Britpop", apesar de ainda guardarem influência de bandas como Rolling Stones e Beatles.

Rock alternativo e outros gêneros do hard rock, como nu metal, post-grung e emo surgiram a partir de gêneros mais antigos e estabelecidos. No meio da década houve um ligeiro renascimento do power rock, liderado por bandas como The Darkness.

Em estilos mais pesados, guitarras de sete cordas se tornaram comuns depois de estourarem no final dos anos 90 através de bandas como Korn e Limp Bizkit.

Álbuns Recomendados

Continuum – John Mayer

Black Holes and Revelations – Muse

Bleed American – Jimmy Eat World

This Is It – The Strokes

Audioslave – Audioslave

Lateralus – Tool

American Idiot – Green Day

Permission to Land – The Darkness

X & Y – Coldplay

Echo Park – Feeder

In Your Honor / One by One– Foo Fighters

City of Evil / Waking the Fallen – Avenged Sevenfold

The Green Album – Weezer

Employment – Kaiser Chiefs

In Keeping Secrets of Silent Earth: 3 – Coheed and Cambria

From Under The Cork Tree – Fall Out Boy

Take Off Your Pants and Jacket – Blink-182

Songs for the Deaf – Queens of the Stone Age

Funeral – Arcade Fire

White Blood Cells / Elephant – The White Stripes

Toxicity – System of a Down

Reinventing the Steel - Pantera

The Black Parade – My Chemical Romance

Estilos Rítmicos

Esses exemplos focam em um estilo de rock mais "acessível". Se você quiser algo mais pesado, veja o livro **Heavy Metal Rhythm Guitar** de Rob Thorpe. Na virada do milênio o rock era incrivelmente diversificado, então considere os exemplos a seguir como apenas a ponta do iceberg.

Mantenha o primeiro exemplo fechado, tocado em um staccato agressivo. Imagine cada acorde cheio como uma marreta derrubando um muro de pedra.

Exemplo 9s:

O exemplo a seguir foi inspirado nos riffs poderosos do Green Day. Toque-o rápido e alto. Observe como um "empurrãozinho" no acorde D5 em direção ao contratempo inicia uma série de eventos que não é resolvida até o meio do compasso seguinte.

Exemplo 9t:

O próximo exemplo é um "You Really Got Me" para a nova geração. Power acordes enérgicos e sincopados e um lick cativante se combinam perfeitamente.

Exemplo 9u:

Esse último exemplo combina fragmentos de pestanas com um pequeno enfeite repetitivo, para criar uma base "flutuante" e memorável que cria uma ótima sensação para uma melodia vocal vigorosa.

Exemplo 9v:

Anos 2010

Essa década foi dominada por bandas como Foo Fighters, Avenged Sevenfold, Bullet for my Valentine e Fall Out Boy. Entretanto, também houve o renascimento de alguns dos maiores nomes do rock, como AC/DC e Van Halen.

Falando de uma forma geral, o "pop" rock mais leve deve muito às bandas de grunge dos anos 90, enquanto sons mais pesados de guitarra usam muitas ideias de power acordes que eram similares às das bandas "cabeludas" dos anos 80. Entretanto, hoje em dia o rock é mais diversificado do que jamais foi, com um subgênero para cada gosto. Eu nem espero chegar perto de cobrir cada estilo aqui, mas algumas ideias importantes estão listadas abaixo.

Álbuns Recomendados

The Suburbs / Reflektor – Arcade Fire

Suck It and See – Arctic Monkeys

Wasting Light / Sonic Highways – Foo Fighters

El Camino / Turn Blue – The Black Keys

Hail to the King – Avenged Sevenfold

Culture Clash – The Aristocrats

MBV – My Bloody Valentine

…Like Clockwork – Queens of the Stone Age

Modern Vampires of the City – Vampire Weekend

Wrecking Ball – Bruce Springsteen

Estilos Rítmicos

Um exemplo mais pesado de power acordes inaugura essa década: preste bastante atenção às palhetadas abafadas e mantenha esse abafamento bem fechado na mão da palheta.

Exemplo 9w:

Preste atenção no shuffle do próximo riff. Toque os acordes de uma forma um pouco mais regular nos compassos pares para recriar um riff que é um verdadeiro hino.

Exemplo 9x:

Aqui vai outro riff bastante sincopado, que mostra as raízes de 1960 do rock moderno.

Exemplo 9y:

Conclusões e Conselhos Práticos

Neste livro eu tentei lhe fornecer as ferramentas necessárias para se tornar um guitarrista-base de rock confiante, preciso e competente. Se você estudou a primeira parte deste livro, então você está bem encaminhado para conseguir tocar qualquer base que imaginar. Procure reler o livro de vez em quando para pegar alguns exercícios, já que o nosso senso rítmico pode ficar um pouco "folgado" com o tempo.

Uma ideia útil para treinar é usar os exercícios da Parte Um como um rápido aquecimento antes de começar a praticar. Isso pode ser útil ainda que seja por apenas dez minutos, para que você se concentre no ritmo antes de começar a tocar. Assim, você terá um efeito positivo e amplo sobre o resto do seu tempo de ensaio.

Às vezes os guitarristas ficam tão distraídos por escalas, arpejos e conceitos de guitarra solo que nós nos esquecemos de que «uma nota certa tocada no momento errado ainda é uma nota errada». Desenvolver um controle consciente do posicionamento rítmico irá permitir que você use quaisquer conceitos musicais de uma forma muito mais fluente. Construir um senso rítmico forte e preciso foi, definitivamente, a parte do meu desenvolvimento que me permitiu ouvir que, muitas vezes, guitarristas usam ideias simples; eles apenas sabem tocá-las com um *timing* impecável.

Sempre pratique com uma combinação de playbacks e metrônomo. Playbacks podem ser mais divertidos porque lhe dão um groove para trabalhar; porém, tocar apenas sobre o clique do metrônomo fará com que você trabalhe mais forte para desenvolver a sua percepção do tempo.

Conforme essa percepção for melhorando, tente diminuir a velocidade do metrônomo pela metade, ouvindo cada clique como os tempos 2 e 4 do compasso. Como você precisará preencher os tempos 1 e 3 sozinho, você será forçado a se concentrar muito mais, e isso irá ajudá-lo a desenvolver o seu senso rítmico. Eventualmente, você conseguirá praticar com o metrônomo clicando apenas no tempo 4.

A precisão rítmica é uma das habilidades mais importantes que um guitarrista moderno pode desenvolver. Ter controle do que e *quando* tocar fará de você um guitarrista valioso em qualquer banda. Às vezes, parece que todos querem tocar guitarra solo, mas a verdade é que ser um guitarrista base versátil e criativo abrirá muito mais portas para você.

O que é realmente difícil ensinar é a *criatividade*, mas eu acredito que quanto mais nós aprendemos as músicas dos outros, mais nós absorvermos. Todas essas ideias se combinam no nosso subconsciente, tornando-se parte da nossa própria voz.

Se você estiver com dificuldades para escrever os seus próprios riffs e partes rítmicas, concentre-se em compor algo que seja "no estilo" de algum guitarrista que você goste. Ouça com atenção às ideias rítmicas, e trate a sua progressão de acordes da mesma forma. Se você fizer esse exercício, modelando a sua técnica com base em três ou quatro guitarristas, então eu posso garantir que você construirá algo original e pessoal depois de um curto período de tempo.

Experimentar é sempre o segredo, e trabalhar com outros músicos também ajuda bastante. Na música, o todo costuma ser maior do que a soma das partes, e essa ideia também se aplica à criatividade. Se você estiver compondo músicas, reúna alguns músicos em um lugar e permita que eles soltem a criatividade sobre as suas ideias. Não se isole e nem tente compor tudo sozinho, mas também se certifique de você praticou o suficiente para conseguir tocar tudo o que venha à sua cabeça durante a sessão de composição, mesmo que isso leve alguns minutos.

Ouça tudo que você conseguir, que seja dentro ou fora do seu ritmo escolhido. Quanto mais coisas você ouvir, mais coisas você descobrirá. O seu cérebro se tornará uma mistura de ideias musicais e você sempre terá algo para dizer com o seu instrumento.

Eu também acredito que é muito importante separar alguns minutos para ouvir músicas que você *não* gosta, contanto que você seja analítico em relação ao que você acha ofensivo. Lembre-se: muitas progressões de acordes são usadas de tempos em tempos em todas as formas musicais, então esteja consciente do que você não gosta. Pode ser, por exemplo, a melodia, a produção, o timbre da guitarra, a linha de baixo, etc.

O outro lado de ocasionalmente ouvir músicas que você não gosta é que, às vezes, há uma grande ideia que você pode reutilizar e "redesenhar". Pode ser que aquela seção intermediária de uma música do Justin Bieber funcione maravilhosamente bem se for redesenhada para aquela sua composição de nu metal.

Com um alcance limitado de acordes comuns, muitos músicos acabam pegando ideias emprestadas uns dos outros, às vezes inconscientemente. Nunca cometa plágio, mas não há problema se você se inspirar nos trabalhos dos outros. Transcrever as músicas dos outros é um dos jeitos mais rápidos de dominar o seu instrumento.

A música nos permite encontrar uma voz, e deve sempre ser uma experiência positiva para todos os envolvidos. Tenha certeza de estar se divertindo com o que faz.

Divirta-se!

Joseph

Apêndice: Exemplos Rítmicos Avançados

As páginas a seguir contêm exercícios rítmicos mais avançados da Parte Um deste livro, para permitir que você balanceie os exemplos técnicos e musicais com mais facilidade. Eles também possuem arquivos de áudio para download, com os números das faixas originais.

Exemplos Avançados do Capítulo 4

Há outros cinco importantes grupamentos rítmicos que combinam duas semicolcheias e duas pausas de semicolcheias. Nós os abordaremos aqui pela completude, embora agora você provavelmente já deva ter descoberto essas permutações sozinho.

Nós daremos uma olhada em cada grupamento e examinaremos um exemplo rítmico para cada um. Esses exemplos ficam gradualmente mais difíceis, mas se você pegá-los lentamente, mantendo a sua mão da palheta sempre em movimento, você os dominará rapidamente. Como sempre, ouça e toque junto com os exemplos de áudio. Você progredirá rapidamente!

Aprenda os exemplos a seguir da mesma forma que você aprendeu os anteriores. Comece com palhetadas sobre todas as cordas abafadas antes de passar para notas únicas abafadas e, então, para trocas de acordes.

Exemplo 4q:

Exemplo 4r:

Exemplo 4s:

Exemplo 4t:

Exemplo 4u:

Exemplo 4v:

Exemplo 4w:

Exemplo 4x:

Exemplo 4y:

Exemplo 4z:

Exemplos Avançados do Capítulo 5

Para testar suas habilidades, aqui vão algumas partes rítmicas extremamente esparsas.

Conforme você for dominando-as, tente tocá-las com a faixa de apoio 1 antes de avançar para as faixas de apoio mais rápidas.

Comece com palhetadas abafadas antes de tentar com um acorde E5 e sequências de acordes.

Exemplo 5k:

Exemplo 5l:

Exemplo 5m:

Crie tantos ritmos parecidos quanto seja possível. Você pode começar a escrevê-los de forma arbitrária e aleatória simplesmente combinando diferentes ritmos de semicolcheias.

A habilidade de tocar esses ataques esparsos de acordes realmente é o diferencial de um excelente guitarrista rítmico de rock. Pratique cada ritmo com as faixas de apoio e o seu metrônomo. É mais fácil praticar com o playback, mas você terá que trabalhar mais e confiar mais em si mesmo se usar apenas um metrônomo. O ideal é combinar ambos.

Interaja

Para centenas de aulas gratuitas de guitarra, visite **www.fundamental-changes.com**

Junte-se aos mais de 10.000 guitarristas que recebem seis aulas gratuitas de guitarra todos os dias no Facebook:

www.facebook.com/FundamentalChangesInGuitar

www.ingramcontent.com/pod-product-compliance
Lightning Source LLC
Chambersburg PA
CBHW081433090426

42740CB00017B/3285